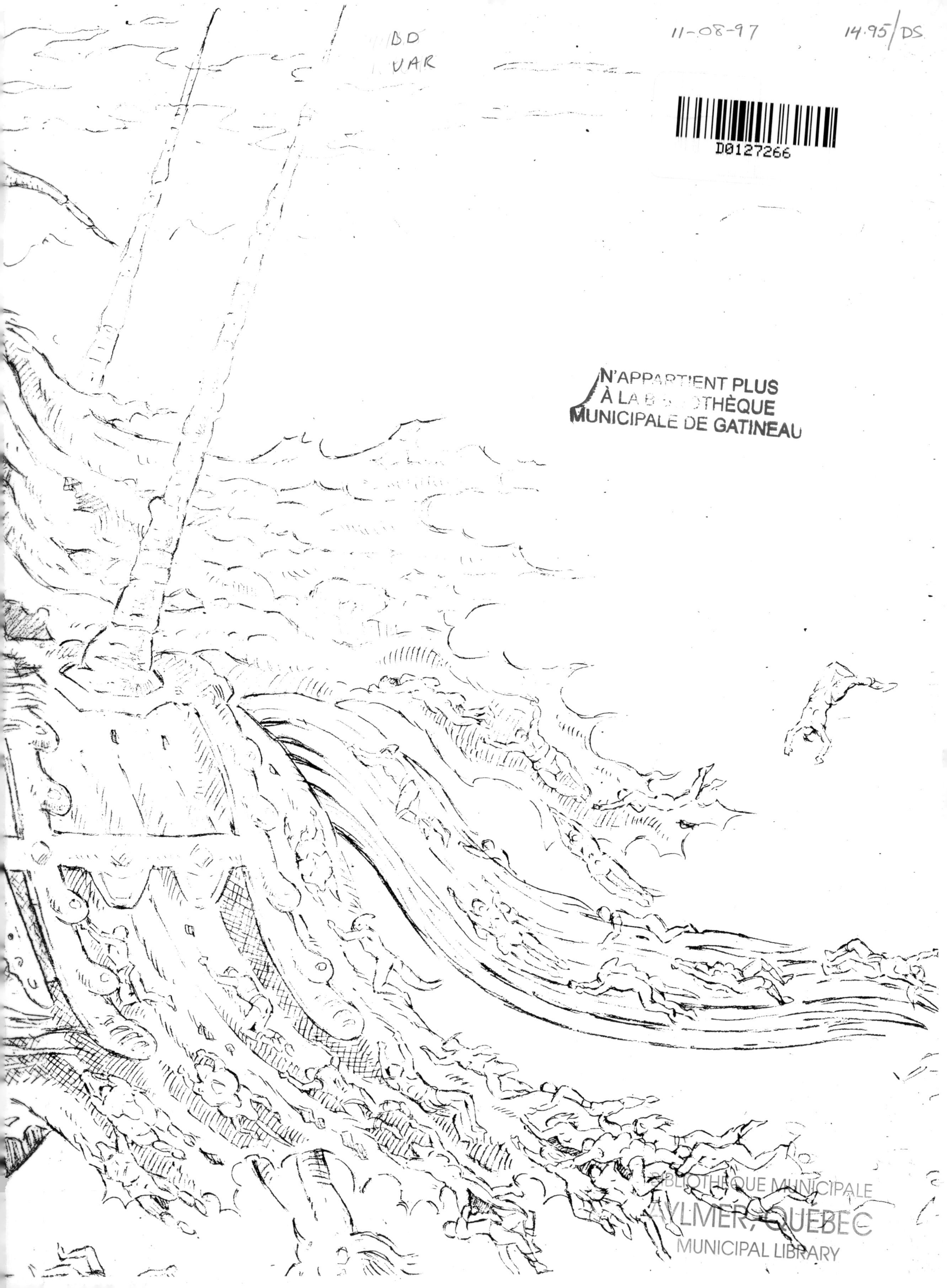

IMAGES D'AILLEURS

Paul Roux

AVEC LA COLLABORATION
D'ÉLISABETH VONARBURG
POUR « LA RÉVÉLATION »

COLLECTION
DÉRIVE
MILLE ÎLES

À tous ceux qui rêvent

Les Éditions Mille-Îles remercient le Conseil des Arts du Canada pour le soutien qui leur a été accordé dans le cadre du programme des subventions globales aux éditeurs, ainsi que la SODEC pour son appui financier en vertu du programme d'aide aux entreprises du livre et de l'édition spécialisée.

Images d'ailleurs est le premier titre publié dans la collection *Dérives*.

Conception graphique et mise en pages :
Paul Roux & Mardigrafe inc.

Diffusion au Canada :
Dimédia, 539, boulevard Lebeau, Saint-Laurent (Québec) H4N 1S2

474, rue Hervé, Laval (Québec) H7P 3M8

Dépôt légal – 3e trimestre 1996
Bibliothèque nationale du Québec
Bibliothèque nationale du Canada

ISBN 2-920993-72-0

Imprimé au Canada par Litho Mille-Îles Ltée

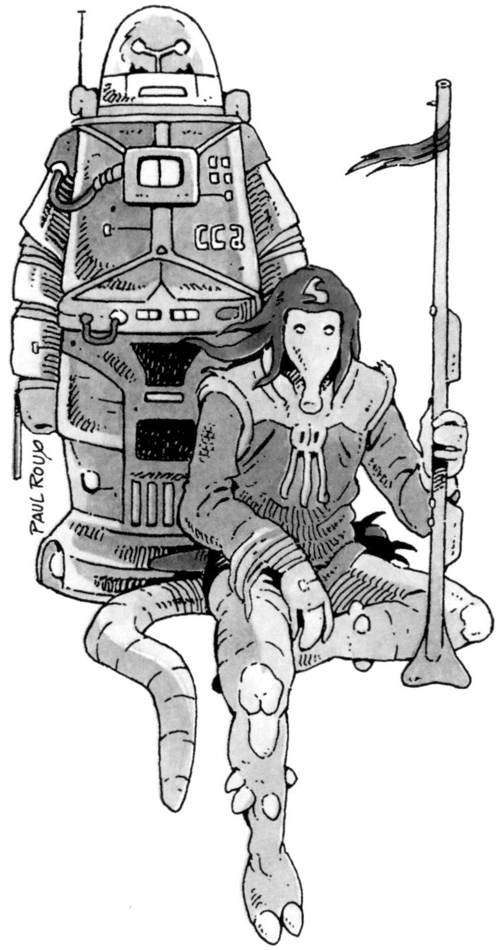
PAUL ROUX
CC2

Pourquoi en dire plus qu'il ne faut? Les images qui suivent parlent d'elles-mêmes : ce sont autant de portes ouvertes sur l'imaginaire, autant de personnages et de lieux inventés au fil des années.

Vous êtes invités à plonger dans ces images et à laisser vagabonder votre imagination; à reconstituer l'avant et l'après de ces instantanés, témoignages fugaces d'un monde étrange et mystérieux.

Chaque titre constitue une balise, ou encore une clé, qui permet de mieux saisir le sens de l'image et d'aiguiller l'esprit sur une piste plus précise.

Se permettre de rêver, d'inventer, de voyager dans l'imaginaire, voilà ce que ces illustrations attendent de vous.

Bon voyage…

Les hommes d'après

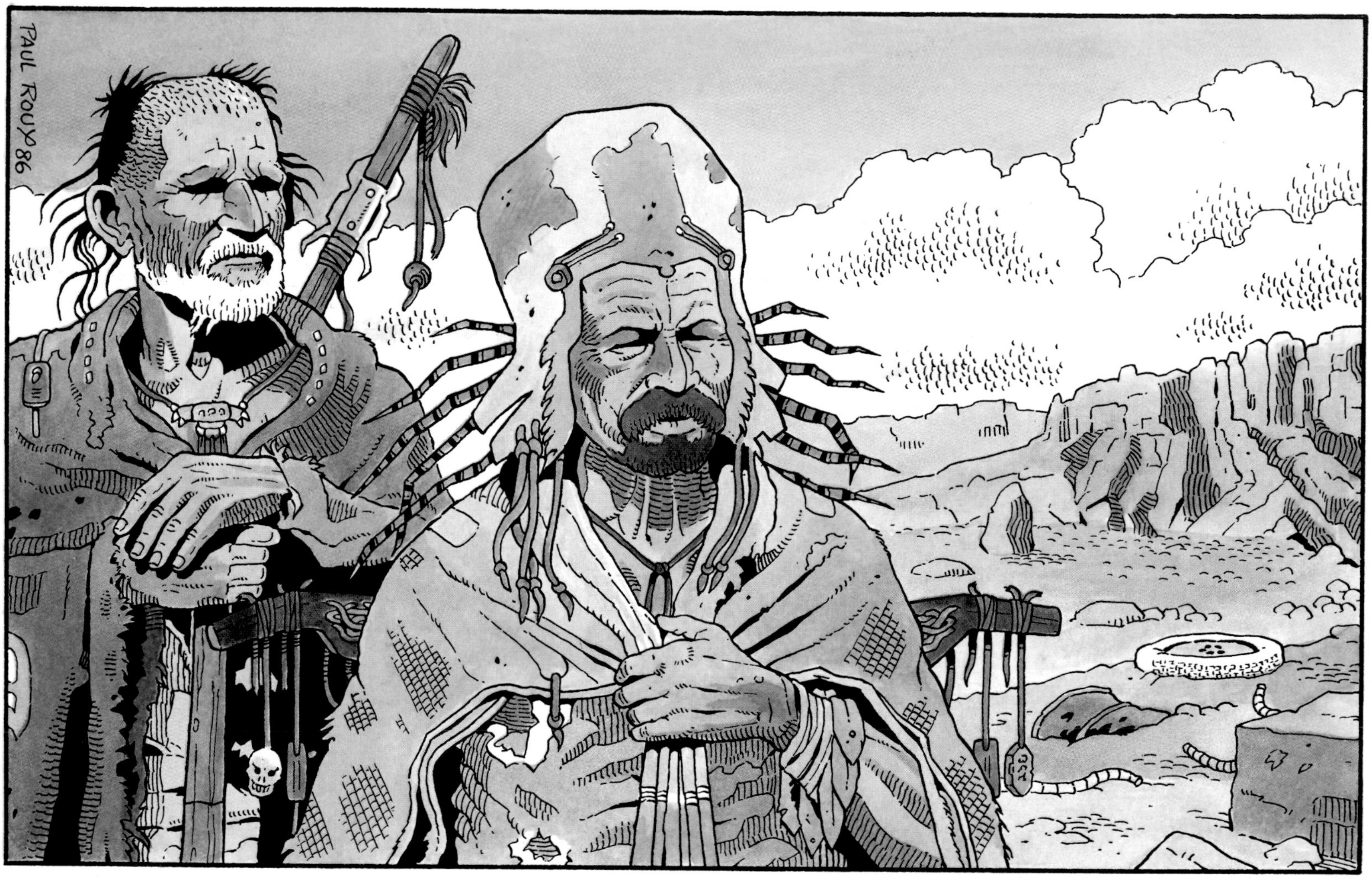
PAUL ROUX 86

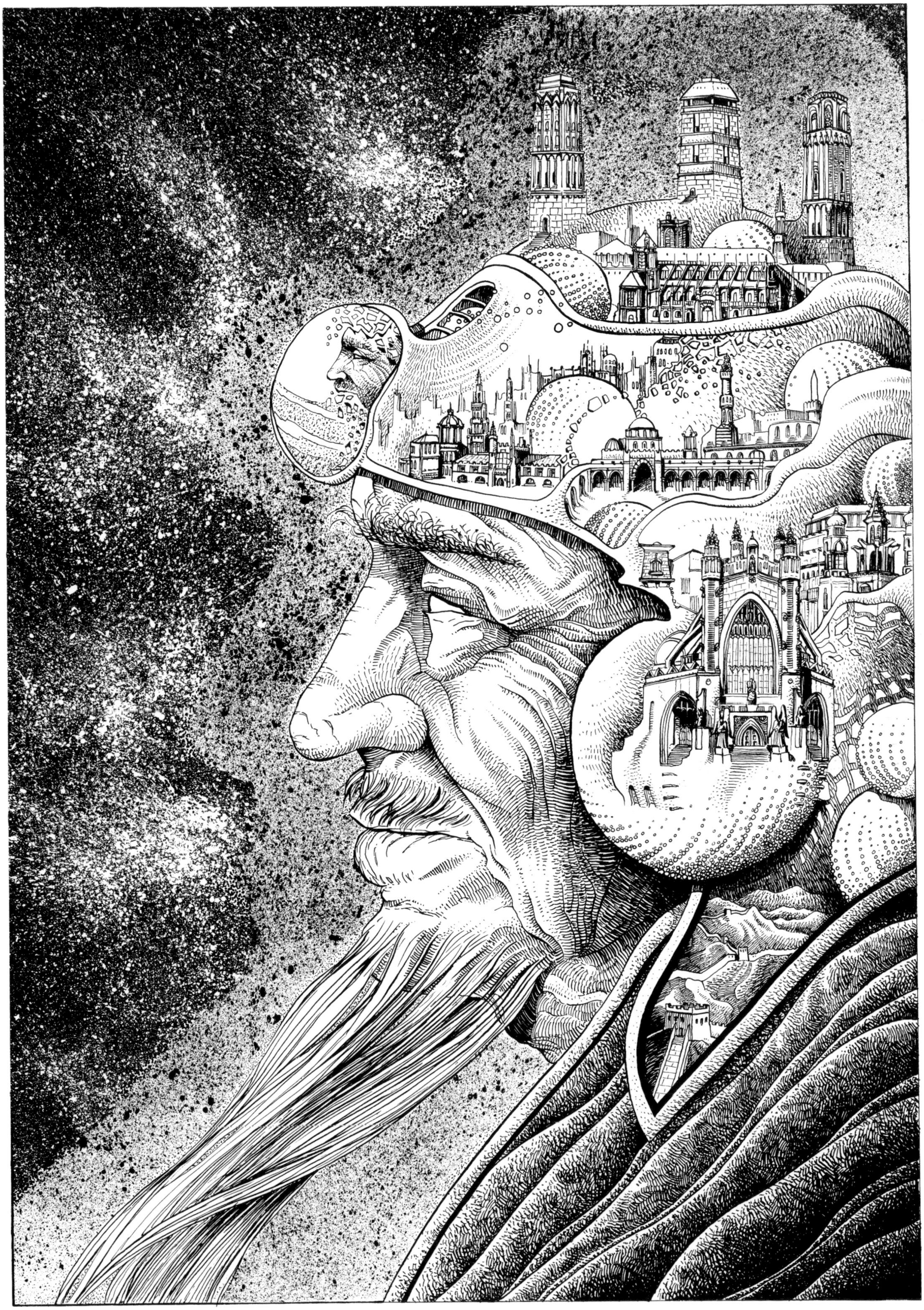

L'étrange équipage

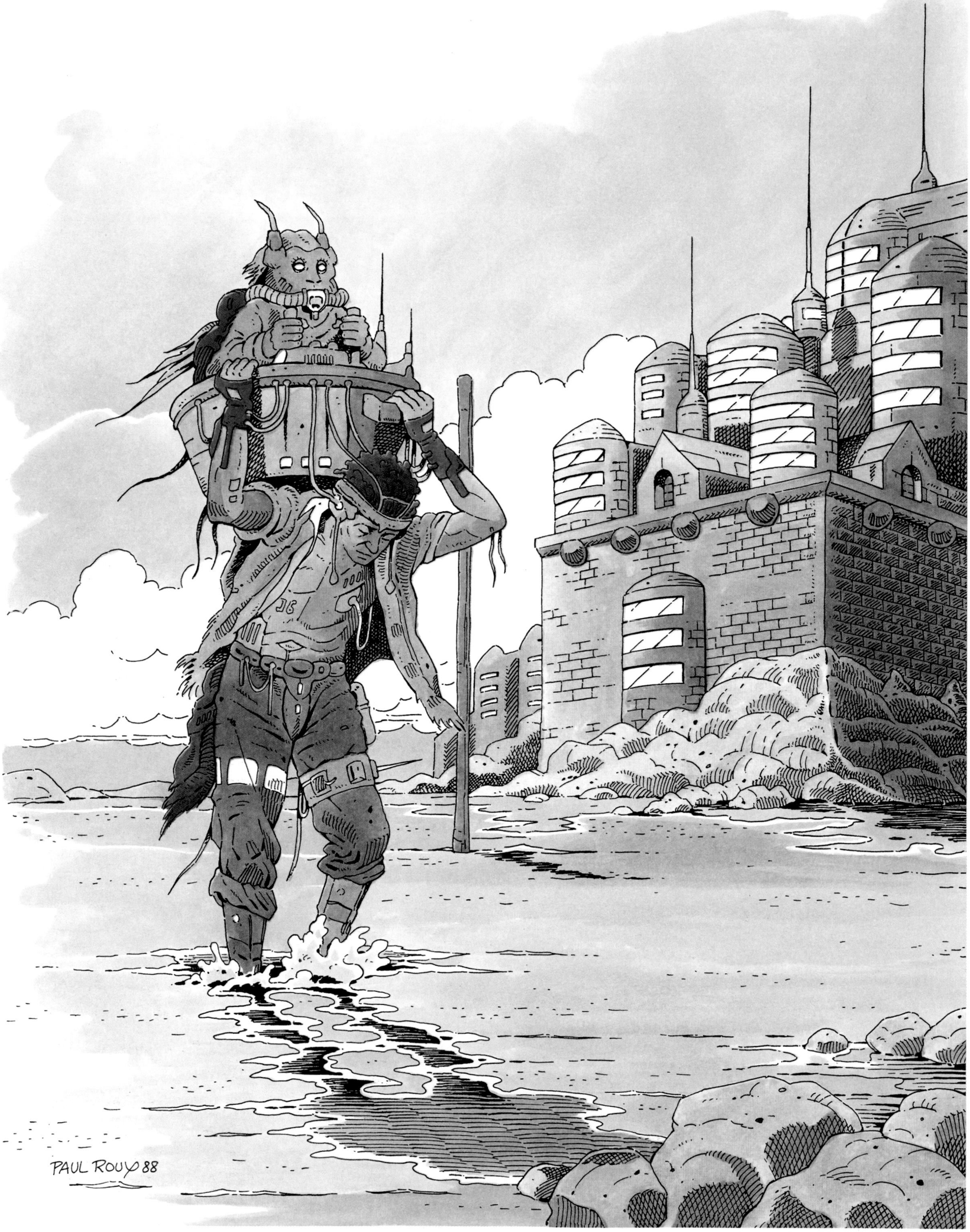
PAUL ROUX 88

Sanctuaire

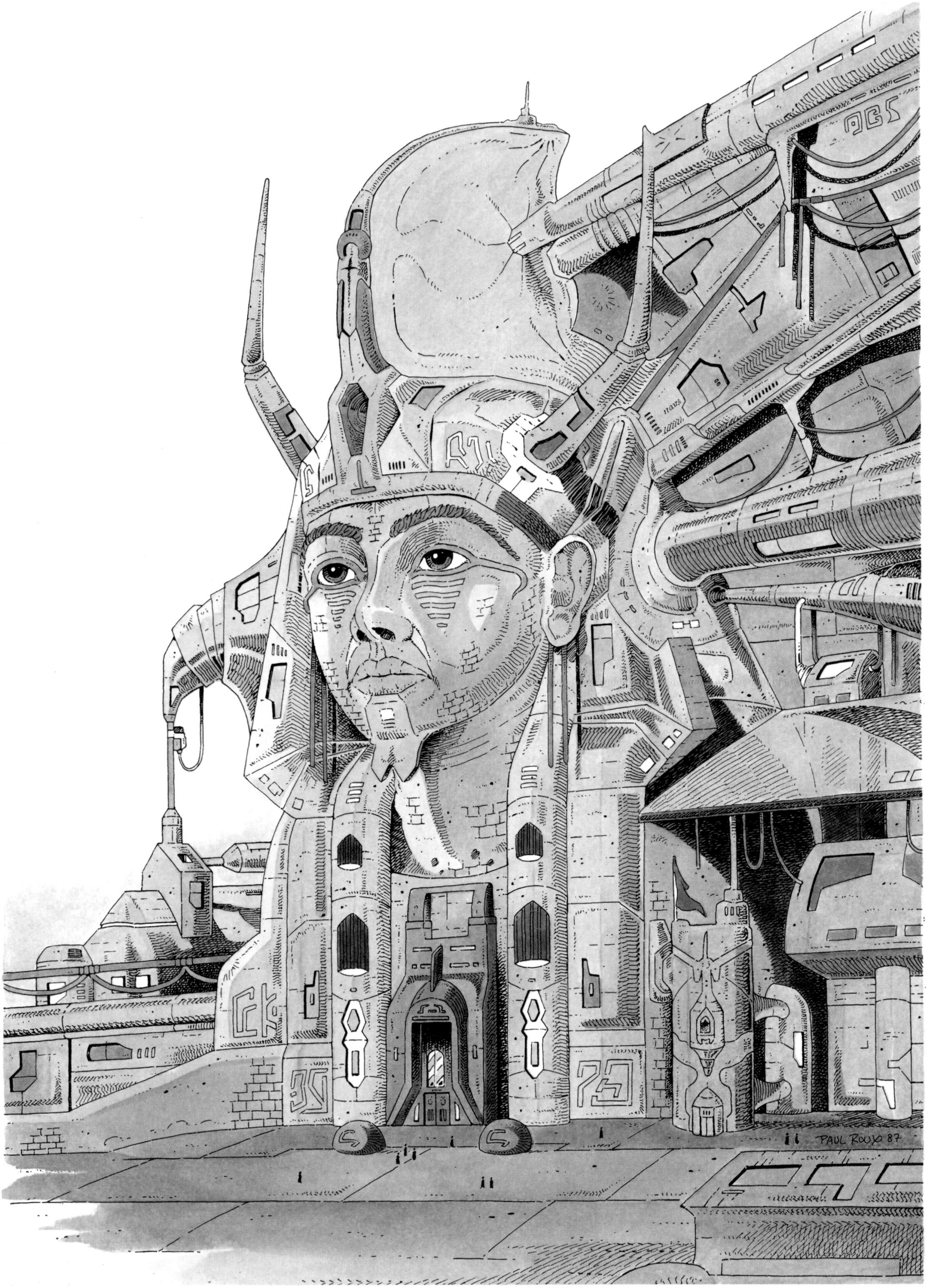

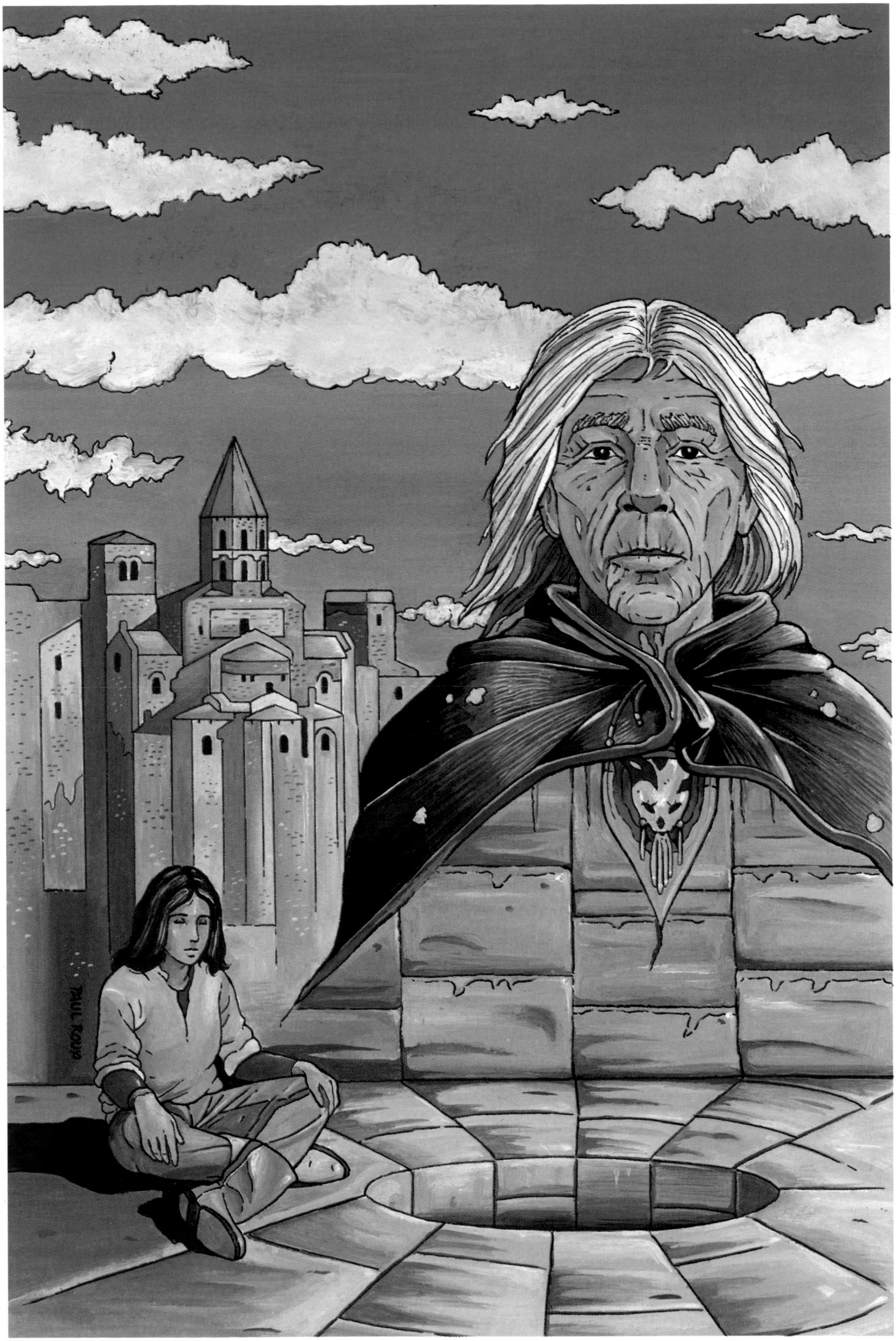

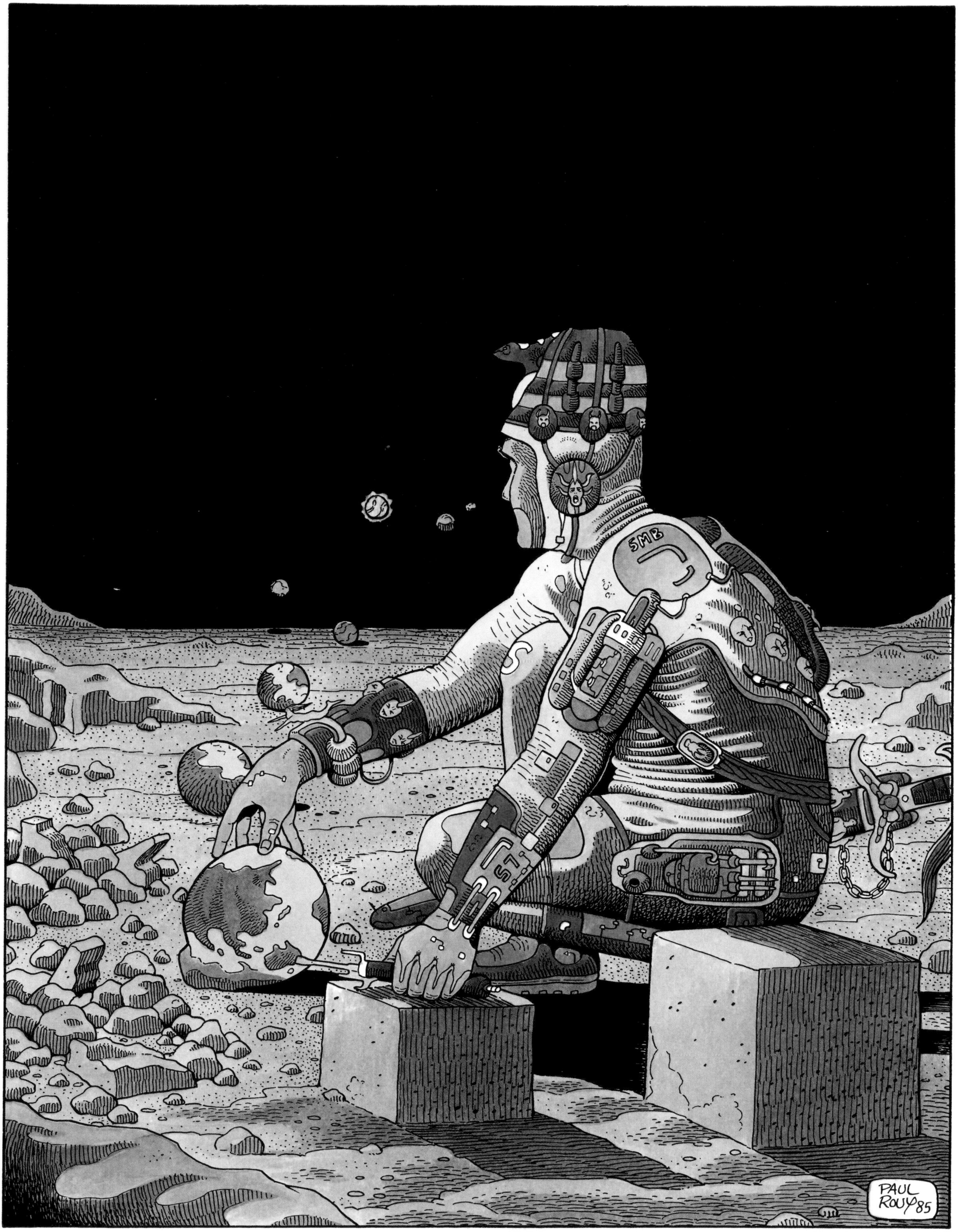
5MB
S
S7
PAUL ROUX 85

La révélation

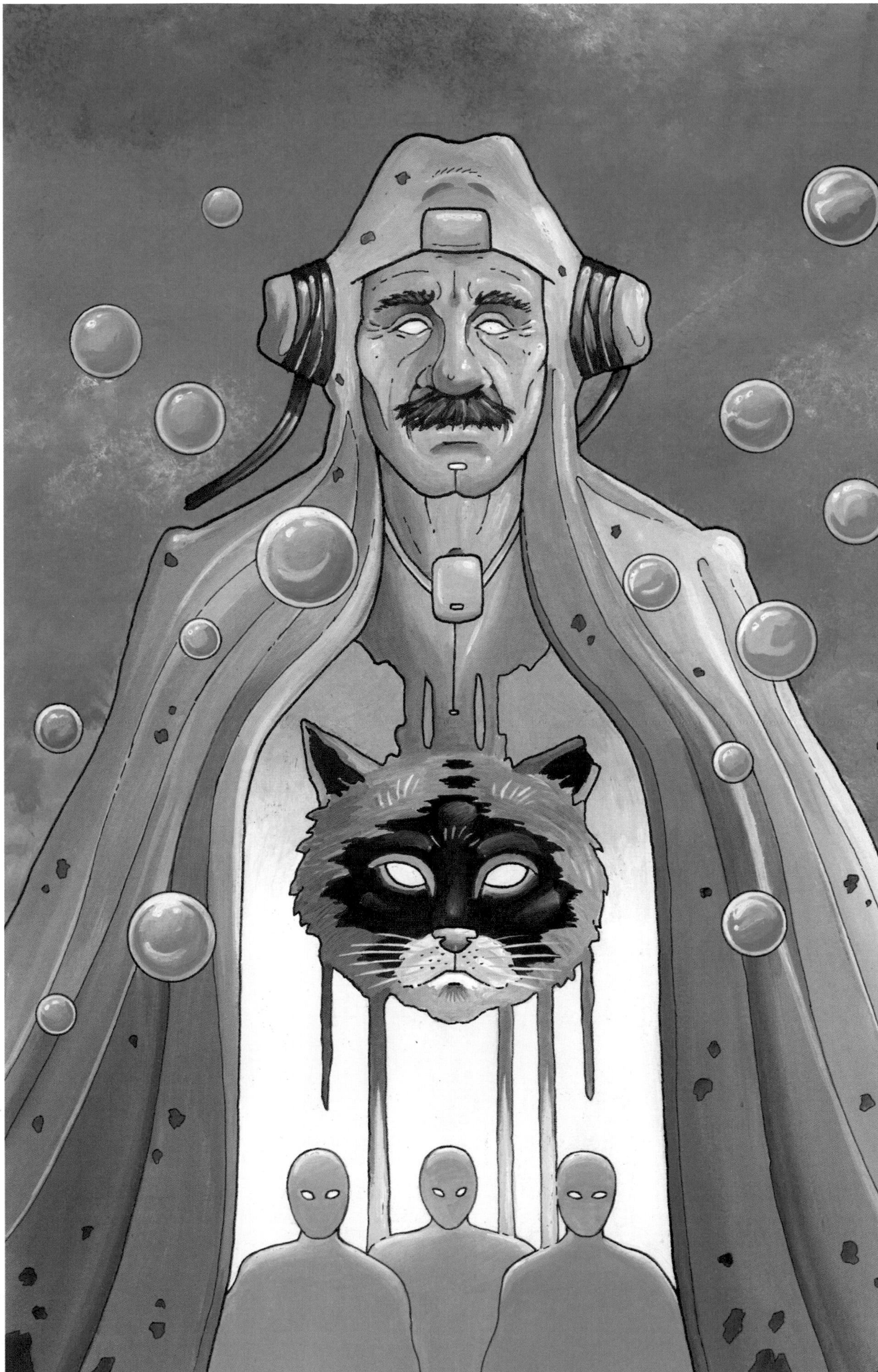
PAUL ROUX 86

LA RÉVÉLATION

PAR PAUL ROUX ET ELISABETH VONARBURG

LA VILLE EST LOURDE. LOURDE COMME LES OS D'UNE BÊTE GÉANTE QUI A TRÉBUCHÉ SOUS LE CIEL ET NE PEUT PLUS SE RELEVER. LOURDE DE TEMPS ET DE MÉMOIRE. LOURDE DE TOUS LES RÊVEURS QUI COURENT DANS SES RUES ET NE SAVENT MÊME PAS QU'ILS SONT EN PRISON. LE JOUR, JE LES REGARDE ET ILS NE ME VOIENT PAS ; LE JOUR ILS SONT SOURDS À TOUT CE QUI N'EST PAS LA VILLE. LA NUIT SEULEMENT, QUAND L'OMBRE ALLÈGE UN PEU LA MATIÈRE, QUAND LES DOIGTS DE LA VILLE SE DESSERRENT UN PEU, SOUS LES NÉONS COULEUR D'ABSINTHE, COULEUR DE SANG, QUAND LES YEUX S'OUVRENT, LOIN DU SOLEIL, LA NUIT...

...JE LES REGARDE, ET ILS SE SOUVIENNENT DE LEURS RÊVES.

EMBRE
CUTION
A

FOTOTIC
UN MANIAQUE DANS LA

Le PITTORESQUE FOUT LE CAMP!

ARM
FUGUE OU RÈGLE DE COMPTE ?

1

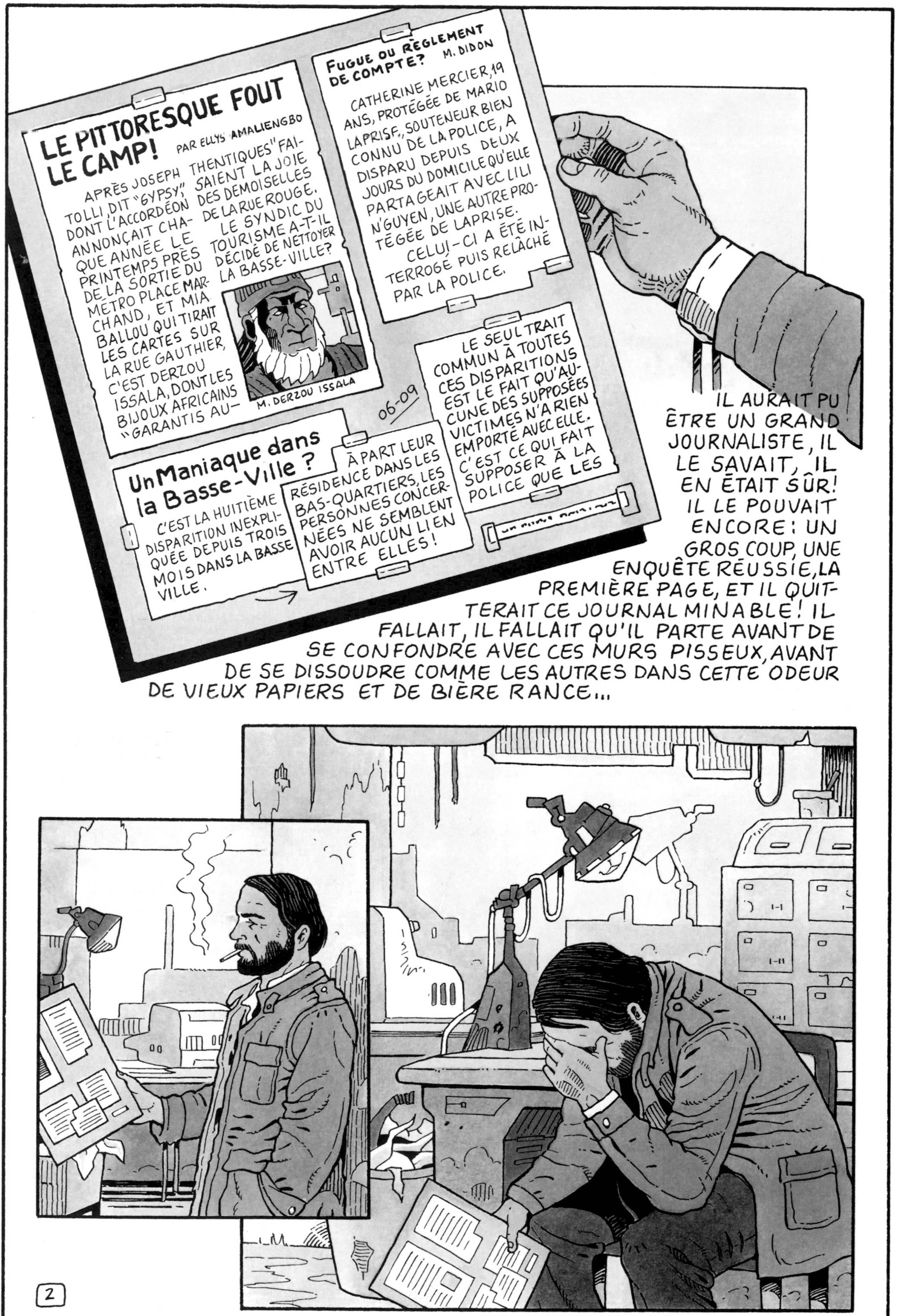
LE PITTORESQUE FOUT LE CAMP! PAR ELLYS AMALIENGBO
APRÈS JOSEPH TOLLI, DIT "GYPSY", DONT L'ACCORDÉON ANNONÇAIT CHAQUE ANNÉE LE PRINTEMPS PRÈS DE LA SORTIE DU MÉTRO PLACE MARCHAND, ET MIA BALLOU QUI TIRAIT LES CARTES SUR LA RUE GAUTHIER, C'EST DERZOU ISSALA, DONT LES BIJOUX AFRICAINS "GARANTIS AUTHENTIQUES" FAISAIENT LA JOIE DES DEMOISELLES DE LA RUE ROUGE. LE SYNDIC DU TOURISME A-T-IL DÉCIDÉ DE NETTOYER LA BASSE-VILLE?
M. DERZOU ISSALA
FUGUE OU RÈGLEMENT DE COMPTE? M. DIDON
CATHERINE MERCIER, 19 ANS, PROTÉGÉE DE MARIO LAPRISE, SOUTENEUR BIEN CONNU DE LA POLICE, A DISPARU DEPUIS DEUX JOURS DU DOMICILE QU'ELLE PARTAGEAIT AVEC LILI N'GUYEN, UNE AUTRE PROTÉGÉE DE LAPRISE.
CELUI-CI A ÉTÉ INTERROGÉ PUIS RELÂCHÉ PAR LA POLICE.
06-09
Un Maniaque dans la Basse-Ville ?
C'EST LA HUITIÈME DISPARITION INEXPLIQUÉE DEPUIS TROIS MOIS DANS LA BASSE-VILLE.
À PART LEUR RÉSIDENCE DANS LES BAS-QUARTIERS, LES PERSONNES CONCERNÉES NE SEMBLENT AVOIR AUCUN LIEN ENTRE ELLES!
LE SEUL TRAIT COMMUN À TOUTES CES DISPARITIONS EST LE FAIT QU'AUCUNE DES SUPPOSÉES VICTIMES N'A RIEN EMPORTÉ AVEC ELLE. C'EST CE QUI FAIT SUPPOSER À LA POLICE QUE LES
IL AURAIT PU ÊTRE UN GRAND JOURNALISTE, IL LE SAVAIT, IL EN ÉTAIT SÛR! IL LE POUVAIT ENCORE: UN GROS COUP, UNE ENQUÊTE RÉUSSIE, LA PREMIÈRE PAGE, ET IL QUITTERAIT CE JOURNAL MINABLE! IL FALLAIT, IL FALLAIT QU'IL PARTE AVANT DE SE CONFONDRE AVEC CES MURS PISSEUX, AVANT DE SE DISSOUDRE COMME LES AUTRES DANS CETTE ODEUR DE VIEUX PAPIERS ET DE BIÈRE RANCE...
2

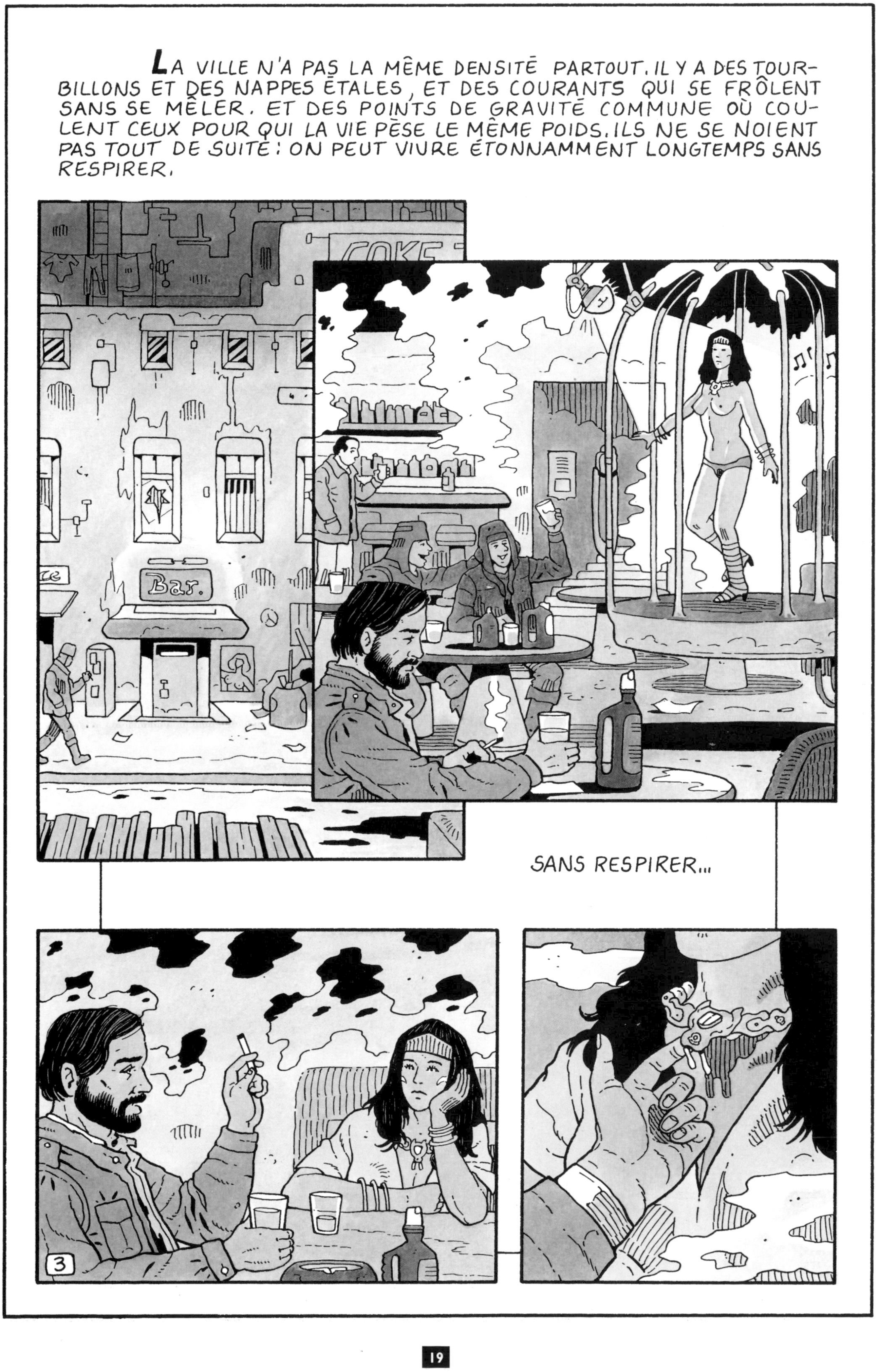
LA VILLE N'A PAS LA MÊME DENSITÉ PARTOUT. IL Y A DES TOURBILLONS ET DES NAPPES ÉTALES, ET DES COURANTS QUI SE FRÔLENT SANS SE MÊLER. ET DES POINTS DE GRAVITÉ COMMUNE OÙ COULENT CEUX POUR QUI LA VIE PÈSE LE MÊME POIDS. ILS NE SE NOIENT PAS TOUT DE SUITE : ON PEUT VIVRE ÉTONNAMMENT LONGTEMPS SANS RESPIRER.
COKE
Bar.
SANS RESPIRER...
3

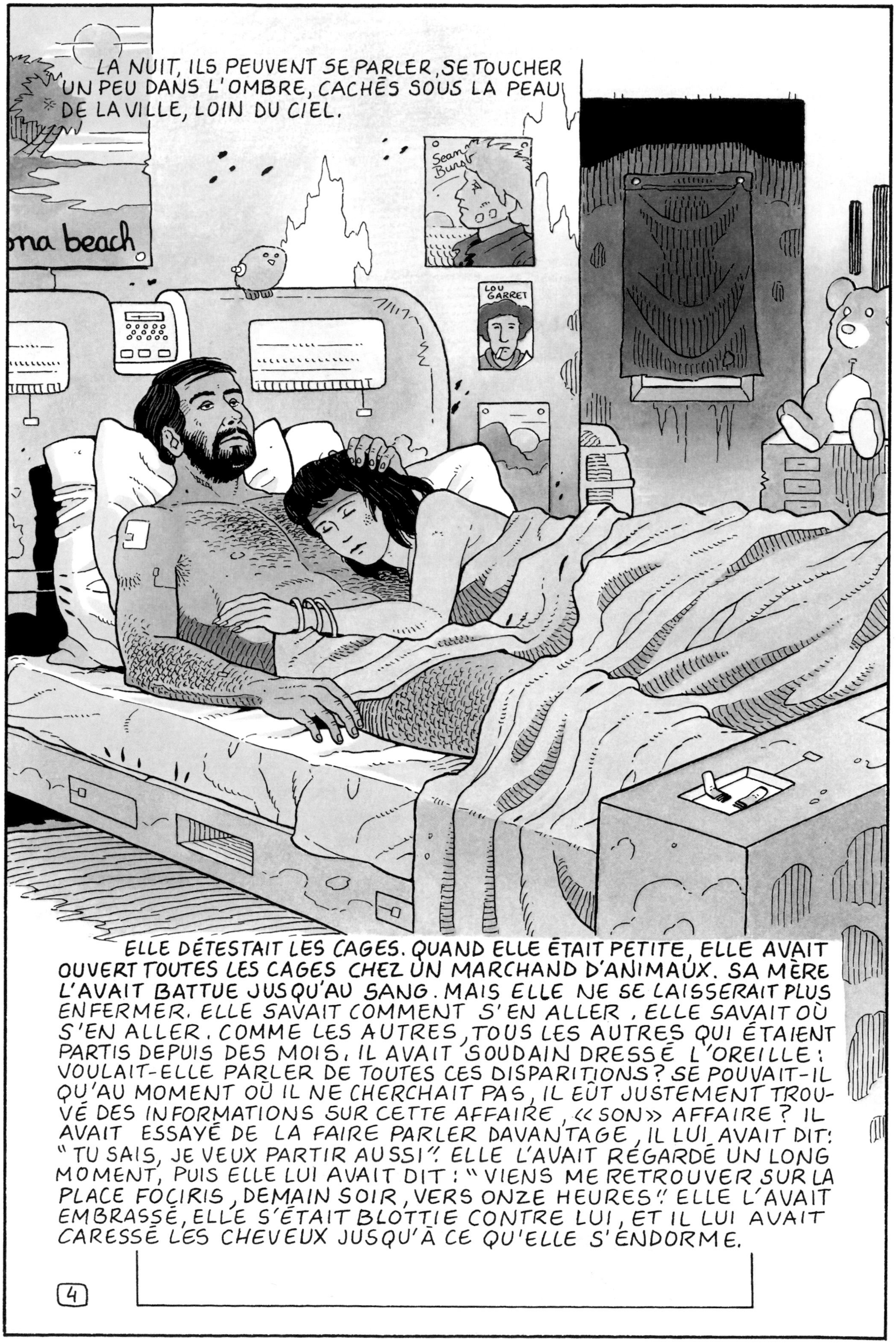
LA NUIT, ILS PEUVENT SE PARLER, SE TOUCHER UN PEU DANS L'OMBRE, CACHÉS SOUS LA PEAU DE LA VILLE, LOIN DU CIEL.
ona beach
LOU GARRET
ELLE DÉTESTAIT LES CAGES. QUAND ELLE ÉTAIT PETITE, ELLE AVAIT OUVERT TOUTES LES CAGES CHEZ UN MARCHAND D'ANIMAUX. SA MÈRE L'AVAIT BATTUE JUSQU'AU SANG. MAIS ELLE NE SE LAISSERAIT PLUS ENFERMER. ELLE SAVAIT COMMENT S'EN ALLER, ELLE SAVAIT OÙ S'EN ALLER. COMME LES AUTRES, TOUS LES AUTRES QUI ÉTAIENT PARTIS DEPUIS DES MOIS. IL AVAIT SOUDAIN DRESSÉ L'OREILLE: VOULAIT-ELLE PARLER DE TOUTES CES DISPARITIONS? SE POUVAIT-IL QU'AU MOMENT OÙ IL NE CHERCHAIT PAS, IL EÛT JUSTEMENT TROUVÉ DES INFORMATIONS SUR CETTE AFFAIRE, «SON» AFFAIRE? IL AVAIT ESSAYÉ DE LA FAIRE PARLER DAVANTAGE, IL LUI AVAIT DIT: "TU SAIS, JE VEUX PARTIR AUSSI". ELLE L'AVAIT REGARDÉ UN LONG MOMENT, PUIS ELLE LUI AVAIT DIT: "VIENS ME RETROUVER SUR LA PLACE FOCIRIS, DEMAIN SOIR, VERS ONZE HEURES". ELLE L'AVAIT EMBRASSÉ, ELLE S'ÉTAIT BLOTTIE CONTRE LUI, ET IL LUI AVAIT CARESSÉ LES CHEVEUX JUSQU'À CE QU'ELLE S'ENDORME.
4

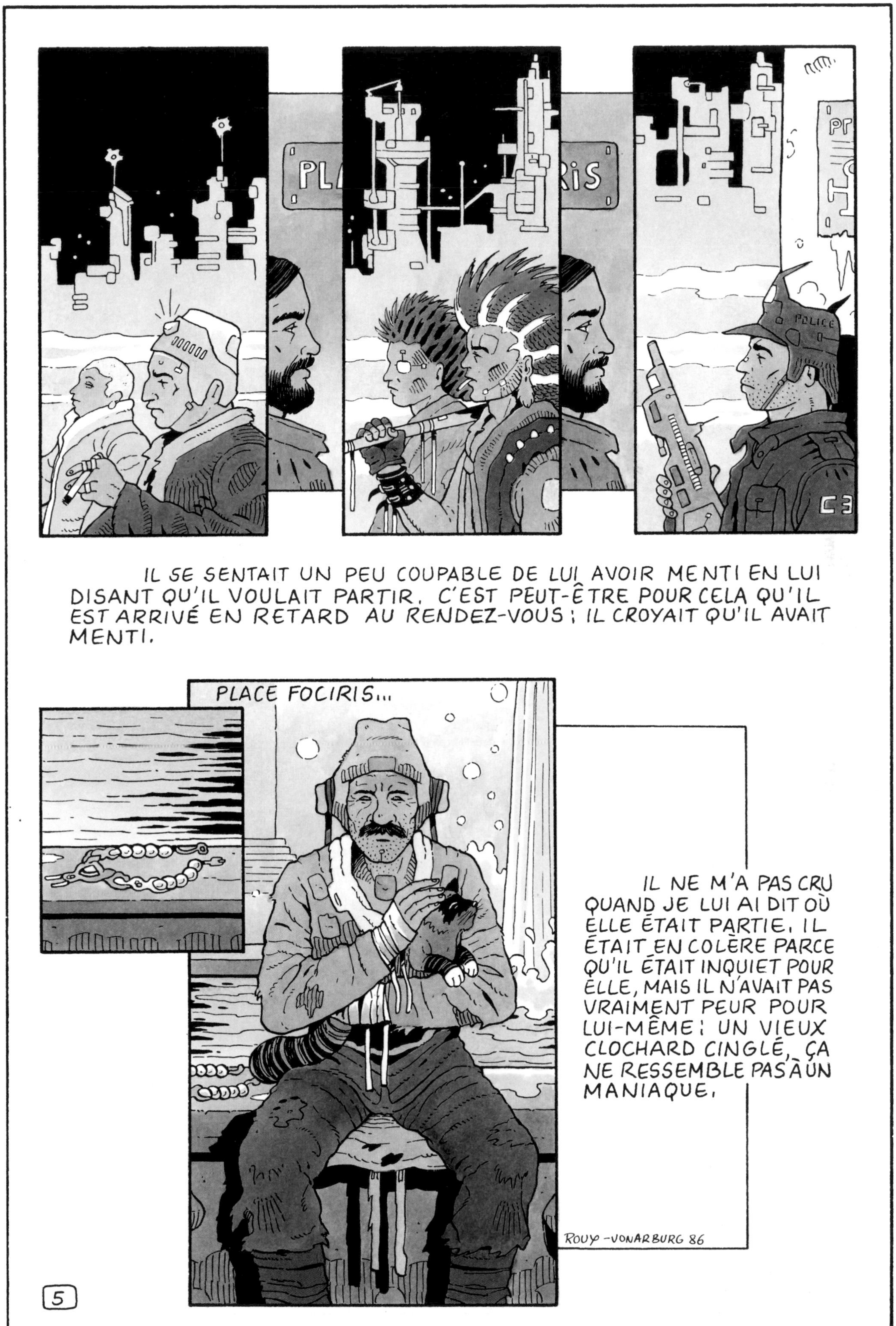
PL
RIS
POLICE
C3
IL SE SENTAIT UN PEU COUPABLE DE LUI AVOIR MENTI EN LUI DISANT QU'IL VOULAIT PARTIR. C'EST PEUT-ÊTRE POUR CELA QU'IL EST ARRIVÉ EN RETARD AU RENDEZ-VOUS ; IL CROYAIT QU'IL AVAIT MENTI.
PLACE FOCIRIS...
IL NE M'A PAS CRU QUAND JE LUI AI DIT OÙ ELLE ÉTAIT PARTIE. IL ÉTAIT EN COLÈRE PARCE QU'IL ÉTAIT INQUIET POUR ELLE, MAIS IL N'AVAIT PAS VRAIMENT PEUR POUR LUI-MÊME ; UN VIEUX CLOCHARD CINGLÉ, ÇA NE RESSEMBLE PAS À UN MANIAQUE.
ROUY-VONARBURG 86
5

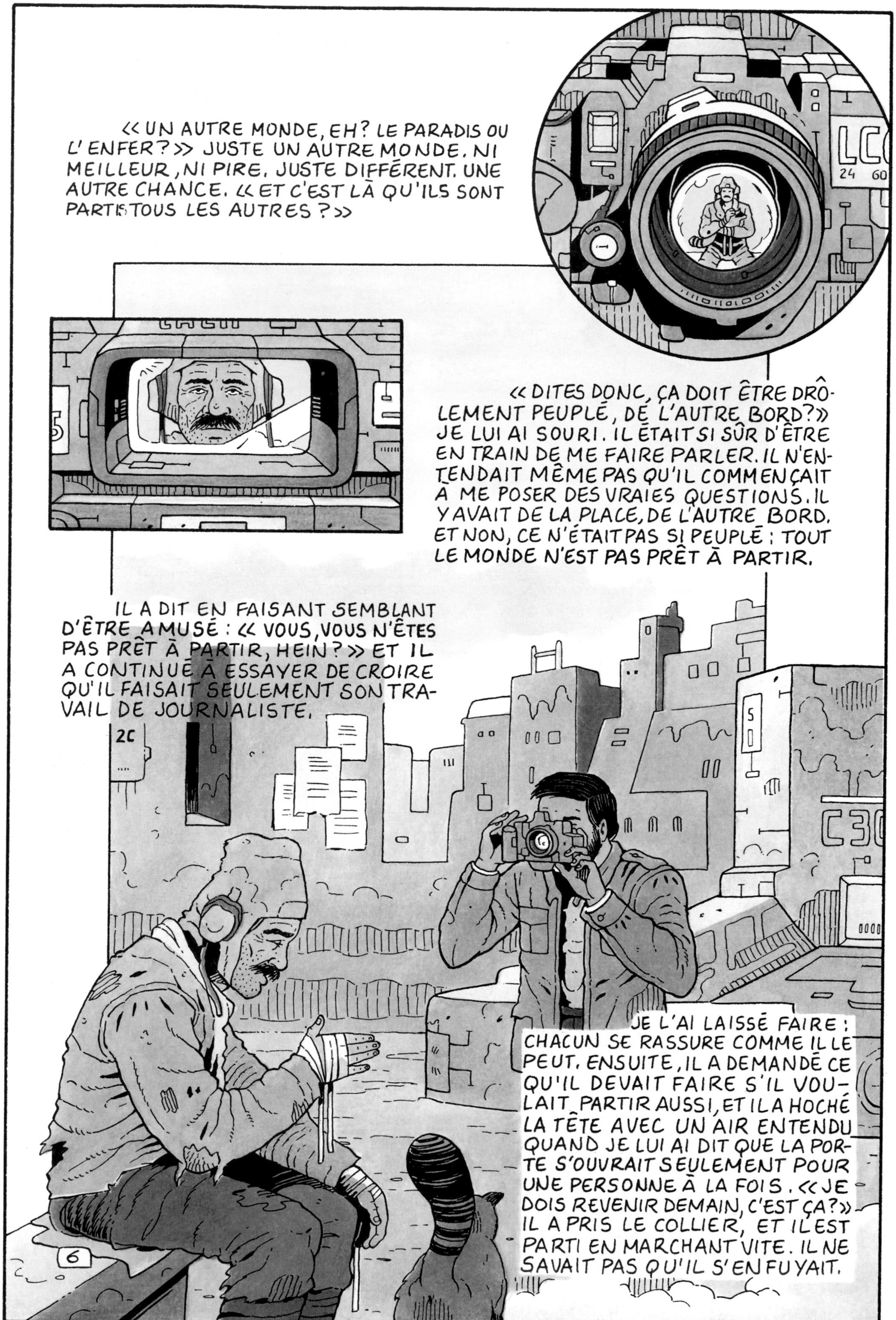
« UN AUTRE MONDE, EH ? LE PARADIS OU L'ENFER ? » JUSTE UN AUTRE MONDE. NI MEILLEUR, NI PIRE. JUSTE DIFFÉRENT. UNE AUTRE CHANCE. « ET C'EST LÀ QU'ILS SONT PARTIS TOUS LES AUTRES ? »
« DITES DONC, ÇA DOIT ÊTRE DRÔLEMENT PEUPLÉ, DE L'AUTRE BORD ? » JE LUI AI SOURI. IL ÉTAIT SI SÛR D'ÊTRE EN TRAIN DE ME FAIRE PARLER. IL N'ENTENDAIT MÊME PAS QU'IL COMMENÇAIT À ME POSER DES VRAIES QUESTIONS. IL Y AVAIT DE LA PLACE, DE L'AUTRE BORD. ET NON, CE N'ÉTAIT PAS SI PEUPLÉ : TOUT LE MONDE N'EST PAS PRÊT À PARTIR.
IL A DIT EN FAISANT SEMBLANT D'ÊTRE AMUSÉ : « VOUS, VOUS N'ÊTES PAS PRÊT À PARTIR, HEIN ? » ET IL A CONTINUÉ À ESSAYER DE CROIRE QU'IL FAISAIT SEULEMENT SON TRAVAIL DE JOURNALISTE.
JE L'AI LAISSÉ FAIRE : CHACUN SE RASSURE COMME IL LE PEUT. ENSUITE, IL A DEMANDÉ CE QU'IL DEVAIT FAIRE S'IL VOULAIT PARTIR AUSSI, ET IL A HOCHÉ LA TÊTE AVEC UN AIR ENTENDU QUAND JE LUI AI DIT QUE LA PORTE S'OUVRAIT SEULEMENT POUR UNE PERSONNE À LA FOIS. « JE DOIS REVENIR DEMAIN, C'EST ÇA ? » IL A PRIS LE COLLIER, ET IL EST PARTI EN MARCHANT VITE. IL NE SAVAIT PAS QU'IL S'EN FUYAIT.
6

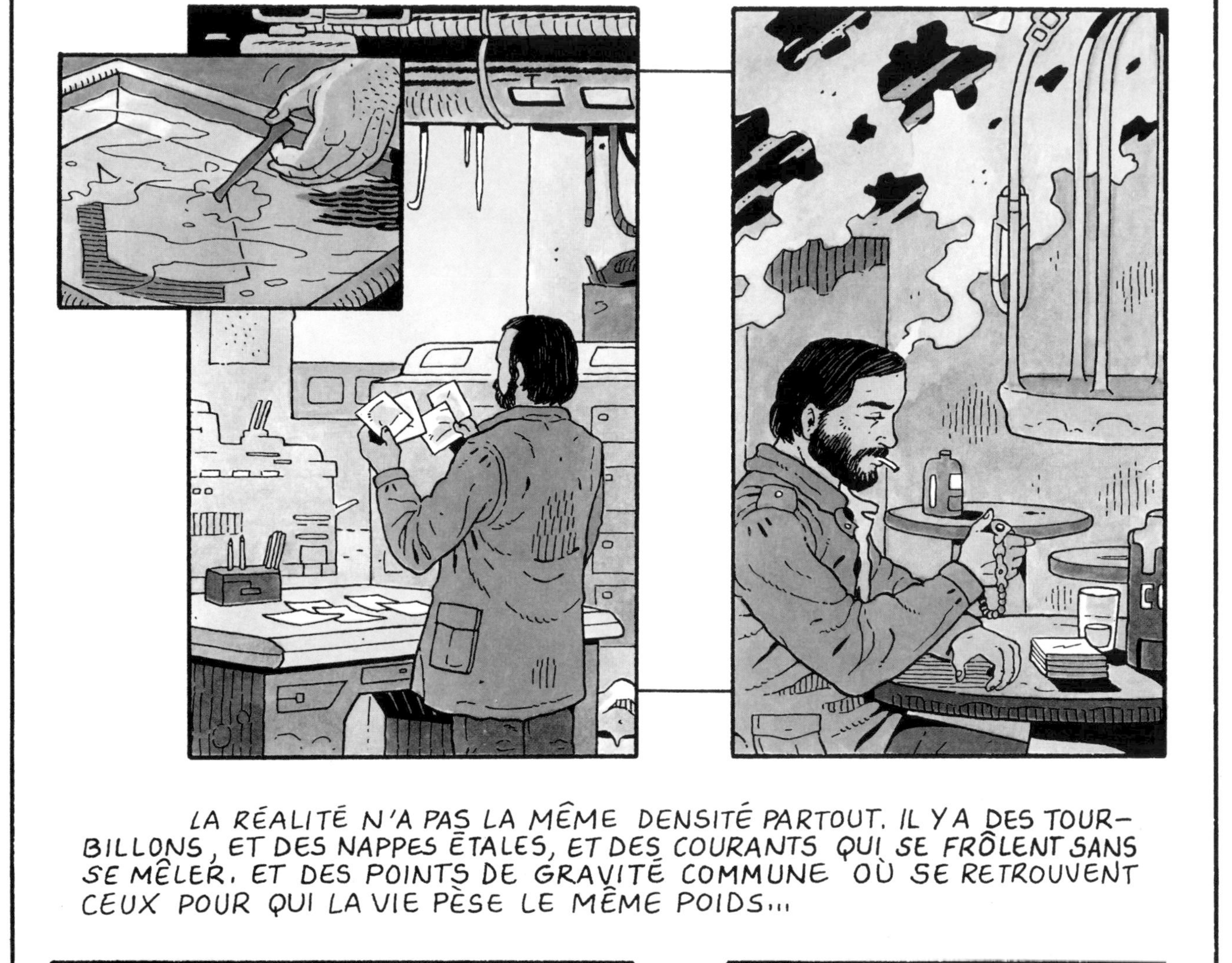

LA RÉALITÉ N'A PAS LA MÊME DENSITÉ PARTOUT. IL Y A DES TOURBILLONS, ET DES NAPPES ÉTALES, ET DES COURANTS QUI SE FRÔLENT SANS SE MÊLER. ET DES POINTS DE GRAVITÉ COMMUNE OÙ SE RETROUVENT CEUX POUR QUI LA VIE PÈSE LE MÊME POIDS...

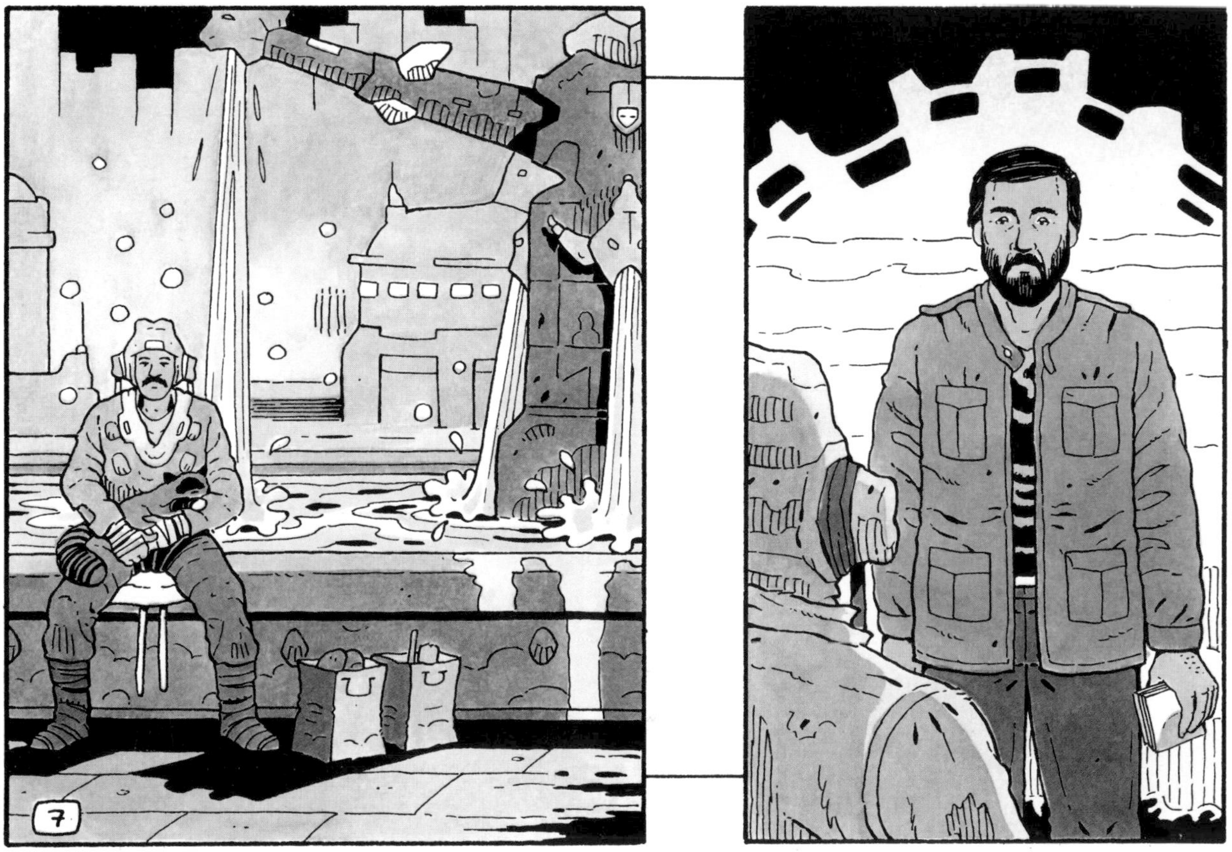
7

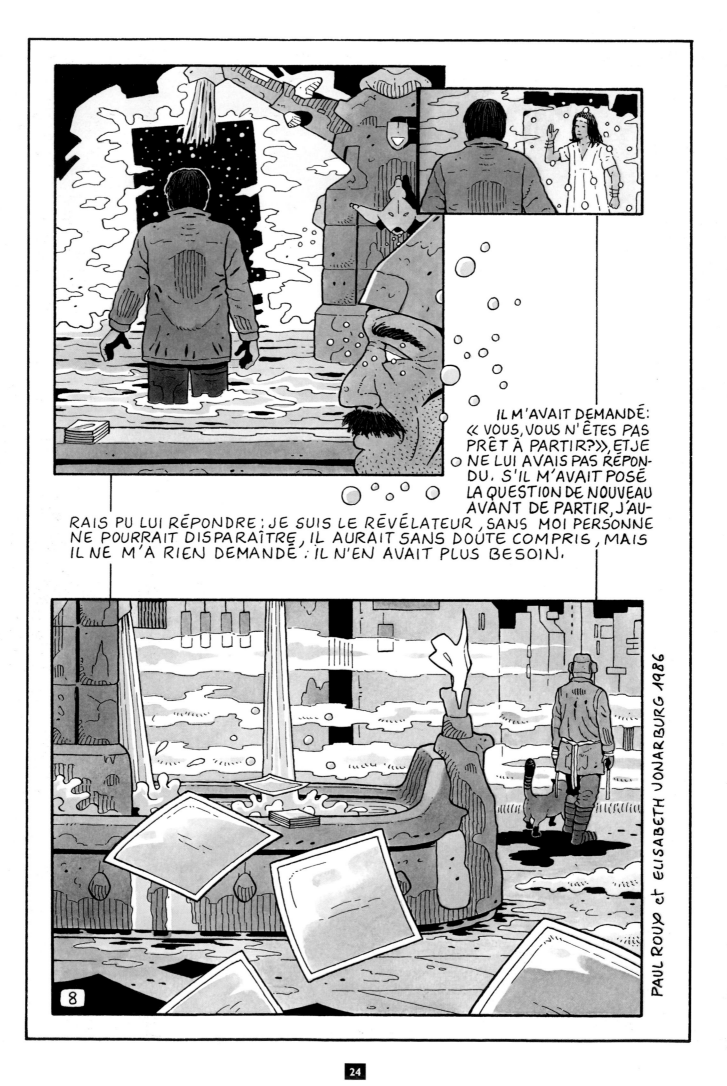

IL M'AVAIT DEMANDÉ:
« VOUS, VOUS N'ÊTES PAS
PRÊT À PARTIR?», ET JE
NE LUI AVAIS PAS RÉPON-
DU. S'IL M'AVAIT POSÉ
LA QUESTION DE NOUVEAU
AVANT DE PARTIR, J'AU-
RAIS PU LUI RÉPONDRE : JE SUIS LE RÉVÉLATEUR , SANS MOI PERSONNE
NE POURRAIT DISPARAÎTRE , IL AURAIT SANS DOUTE COMPRIS , MAIS
IL NE M'A RIEN DEMANDÉ : IL N'EN AVAIT PLUS BESOIN.

PAUL ROUX et ELISABETH VONARBURG 1986

La reine sauvage

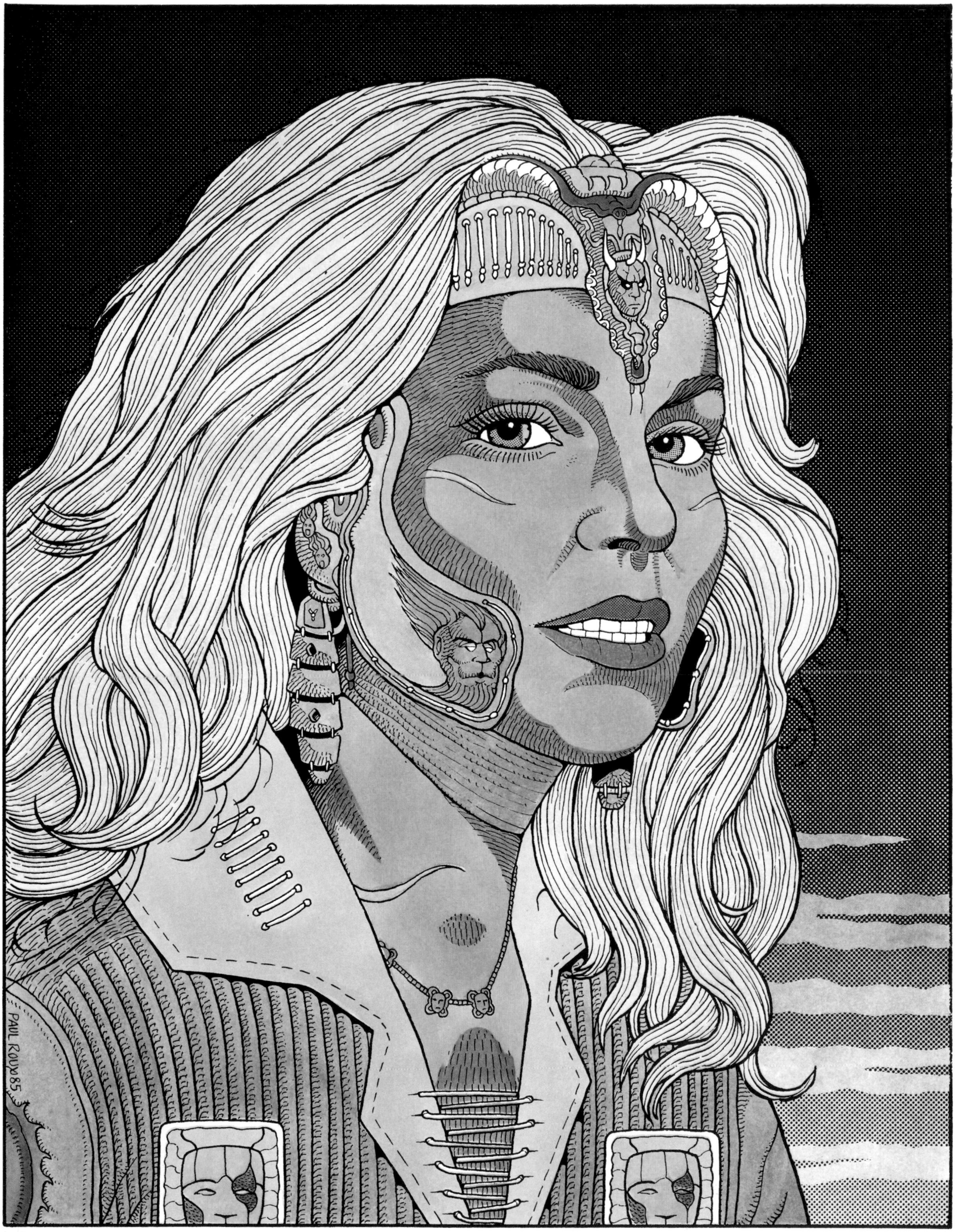
PAUL Roux85

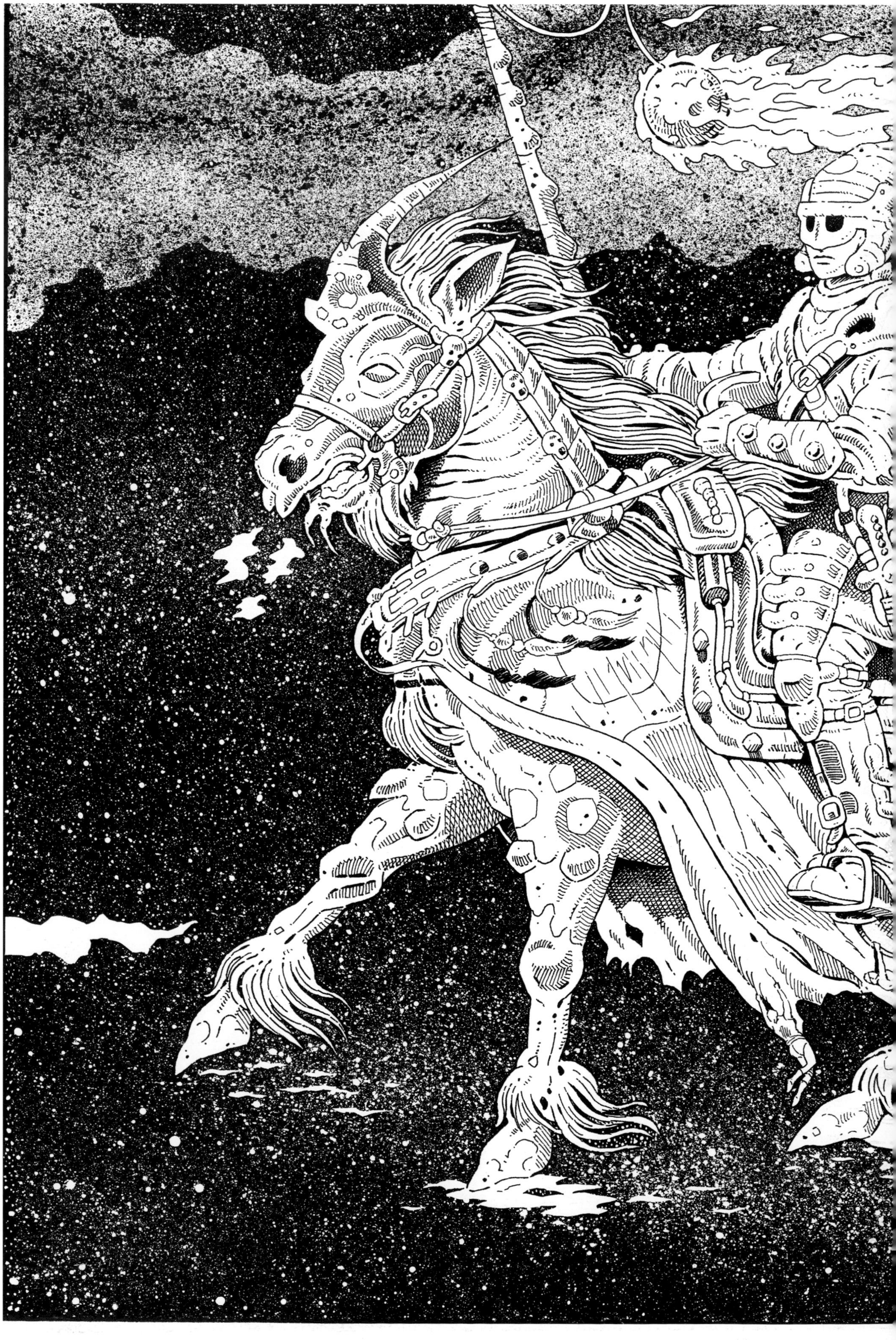

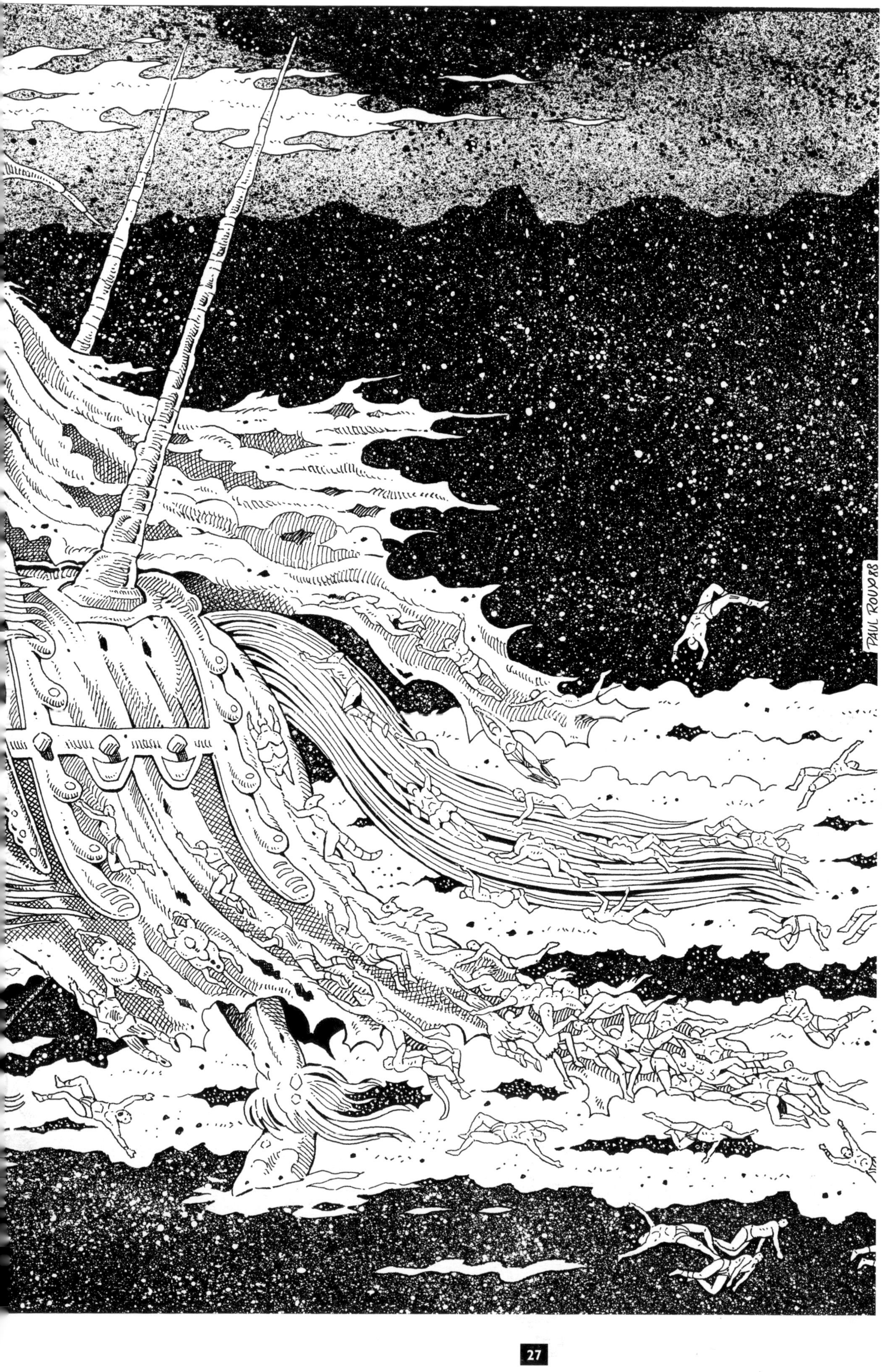
PAUL ROUX 88

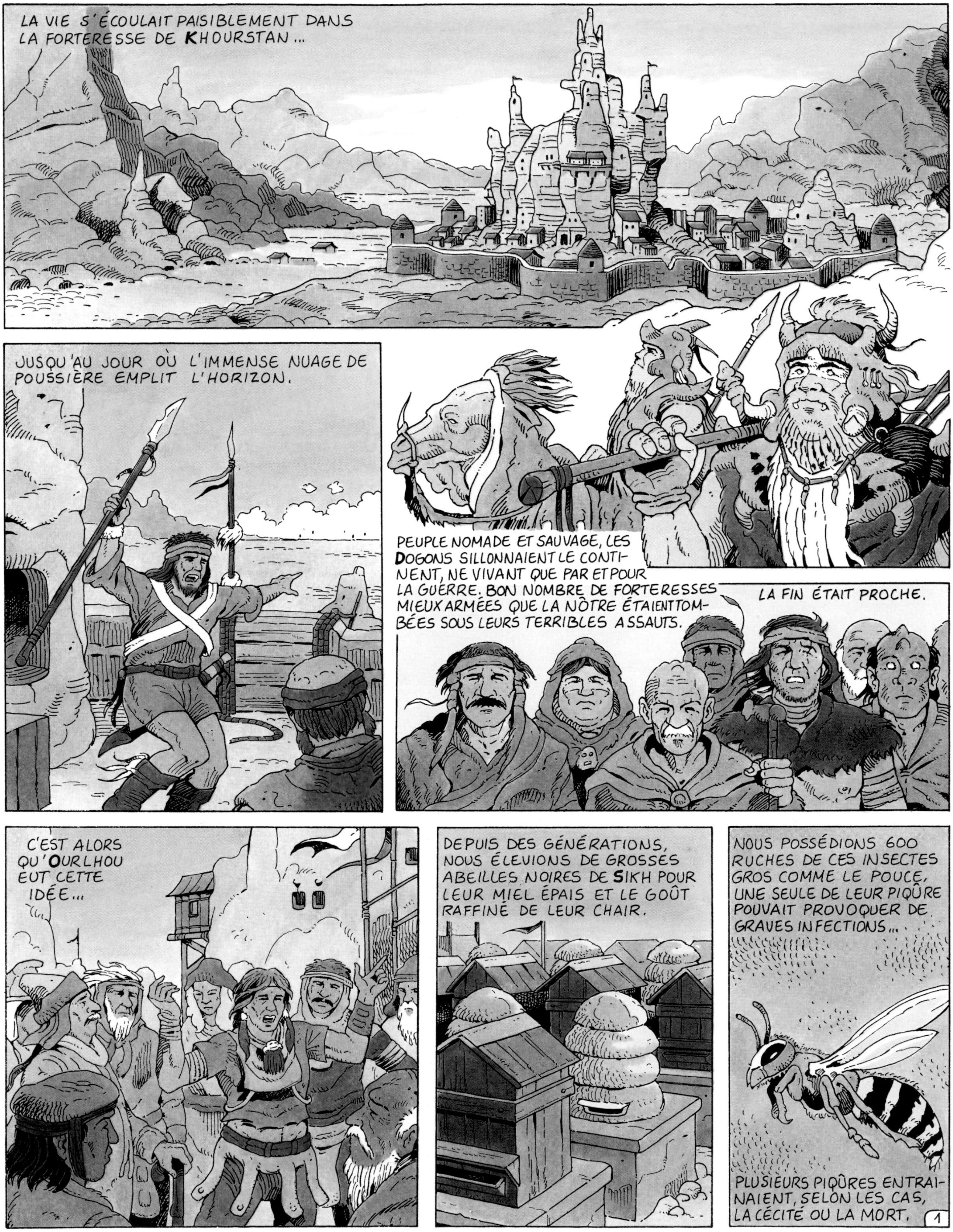
LA VIE S'ÉCOULAIT PAISIBLEMENT DANS LA FORTERESSE DE KHOURSTAN...
JUSQU'AU JOUR OÙ L'IMMENSE NUAGE DE POUSSIÈRE EMPLIT L'HORIZON.
PEUPLE NOMADE ET SAUVAGE, LES DOGONS SILLONNAIENT LE CONTINENT, NE VIVANT QUE PAR ET POUR LA GUERRE. BON NOMBRE DE FORTERESSES MIEUX ARMÉES QUE LA NÔTRE ÉTAIENT TOMBÉES SOUS LEURS TERRIBLES ASSAUTS.
LA FIN ÉTAIT PROCHE.
C'EST ALORS QU'OURLHOU EUT CETTE IDÉE...
DEPUIS DES GÉNÉRATIONS, NOUS ÉLEVIONS DE GROSSES ABEILLES NOIRES DE SIKH POUR LEUR MIEL ÉPAIS ET LE GOÛT RAFFINÉ DE LEUR CHAIR.
NOUS POSSÉDIONS 600 RUCHES DE CES INSECTES GROS COMME LE POUCE, UNE SEULE DE LEUR PIQÛRE POUVAIT PROVOQUER DE GRAVES INFECTIONS...
PLUSIEURS PIQÛRES ENTRAINAIENT, SELON LES CAS, LA CÉCITÉ OU LA MORT.
1

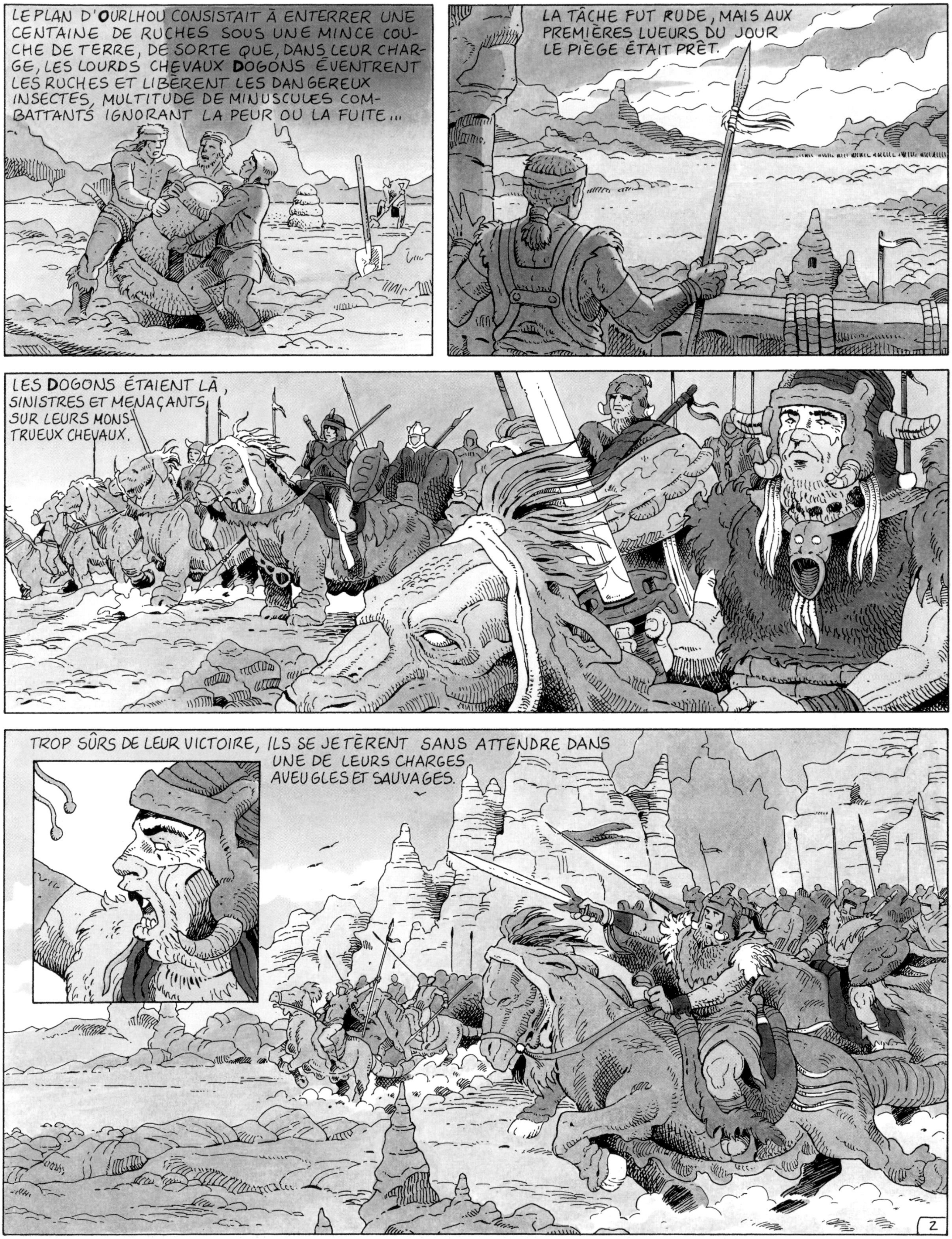
LE PLAN D'OURLHOU CONSISTAIT À ENTERRER UNE CENTAINE DE RUCHES SOUS UNE MINCE COUCHE DE TERRE, DE SORTE QUE, DANS LEUR CHARGE, LES LOURDS CHEVAUX DOGONS ÉVENTRENT LES RUCHES ET LIBÈRENT LES DANGEREUX INSECTES, MULTITUDE DE MINUSCULES COMBATTANTS IGNORANT LA PEUR OU LA FUITE...
LA TÂCHE FUT RUDE, MAIS AUX PREMIÈRES LUEURS DU JOUR LE PIÈGE ÉTAIT PRÊT.
LES DOGONS ÉTAIENT LÀ, SINISTRES ET MENAÇANTS SUR LEURS MONSTRUEUX CHEVAUX.
TROP SÛRS DE LEUR VICTOIRE, ILS SE JETÈRENT SANS ATTENDRE DANS UNE DE LEURS CHARGES AVEUGLES ET SAUVAGES.
2

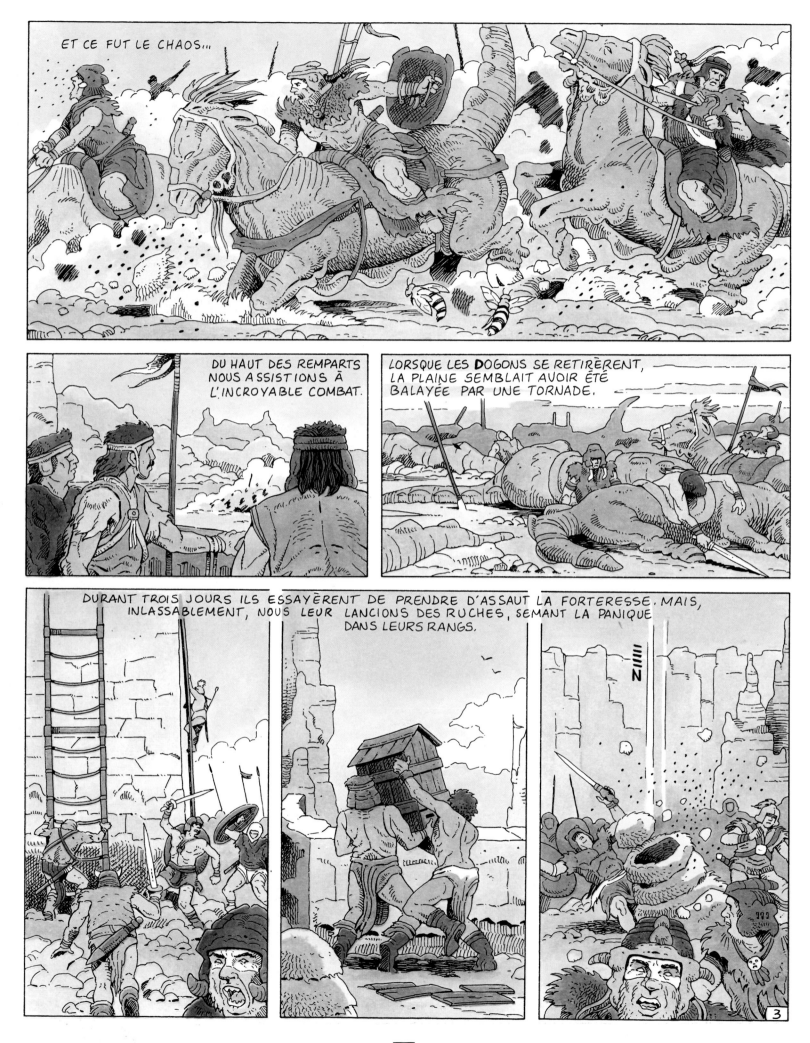

ET CE FUT LE CHAOS...

DU HAUT DES REMPARTS NOUS ASSISTIONS À L'INCROYABLE COMBAT.

LORSQUE LES DOGONS SE RETIRÈRENT, LA PLAINE SEMBLAIT AVOIR ÉTÉ BALAYÉE PAR UNE TORNADE.

DURANT TROIS JOURS ILS ESSAYÈRENT DE PRENDRE D'ASSAUT LA FORTERESSE. MAIS, INLASSABLEMENT, NOUS LEUR LANCIONS DES RUCHES, SEMANT LA PANIQUE DANS LEURS RANGS.

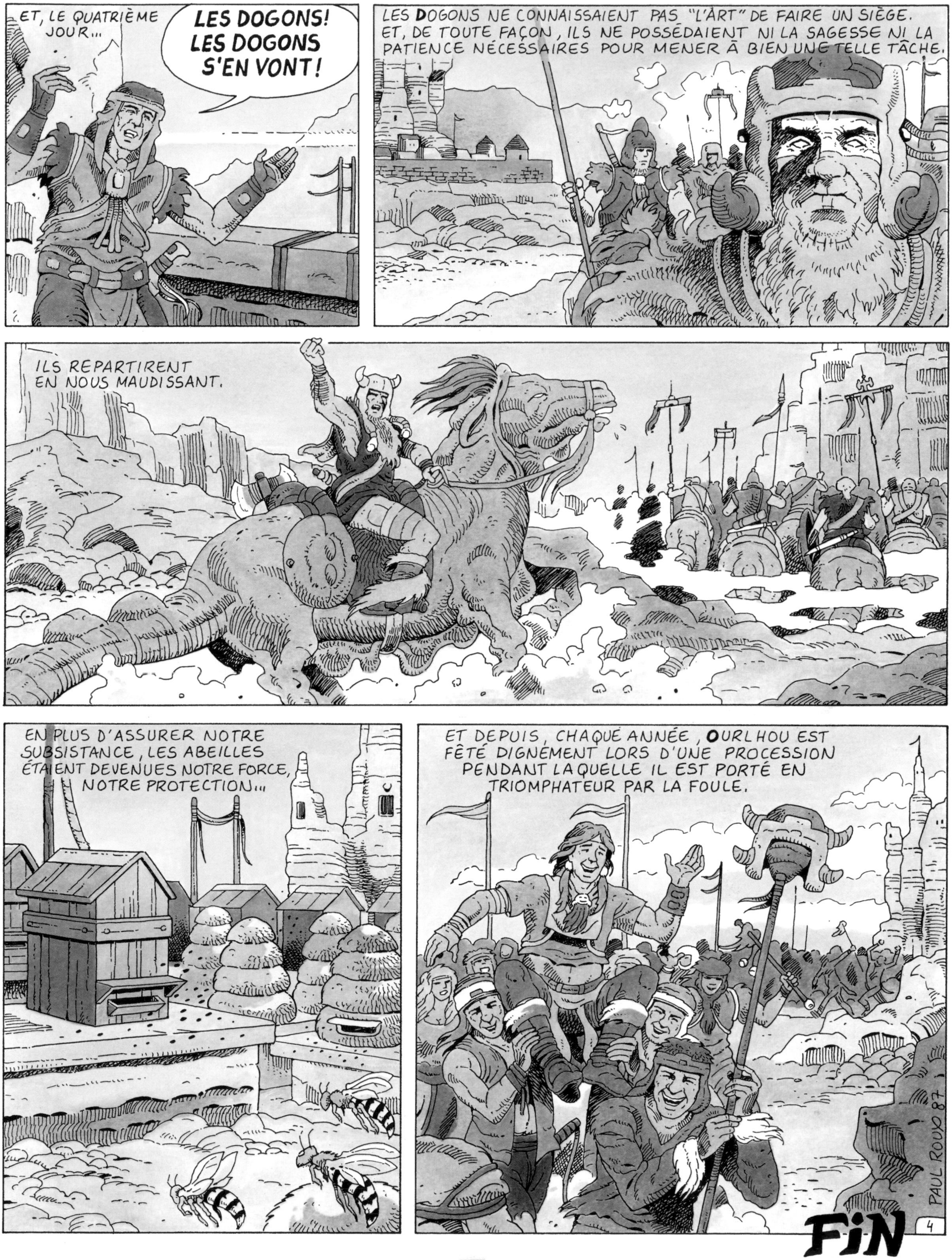
ET, LE QUATRIÈME JOUR...
LES DOGONS! LES DOGONS S'EN VONT!
LES DOGONS NE CONNAISSAIENT PAS "L'ART" DE FAIRE UN SIÈGE. ET, DE TOUTE FAÇON, ILS NE POSSÉDAIENT NI LA SAGESSE NI LA PATIENCE NÉCESSAIRES POUR MENER À BIEN UNE TELLE TÂCHE.
ILS REPARTIRENT EN NOUS MAUDISSANT.
EN PLUS D'ASSURER NOTRE SUBSISTANCE, LES ABEILLES ÉTAIENT DEVENUES NOTRE FORCE, NOTRE PROTECTION...
ET DEPUIS, CHAQUE ANNÉE, OURLHOU EST FÊTÉ DIGNEMENT LORS D'UNE PROCESSION PENDANT LAQUELLE IL EST PORTÉ EN TRIOMPHATEUR PAR LA FOULE.
PAUL ROUX 87
4
FIN

Le conquérant

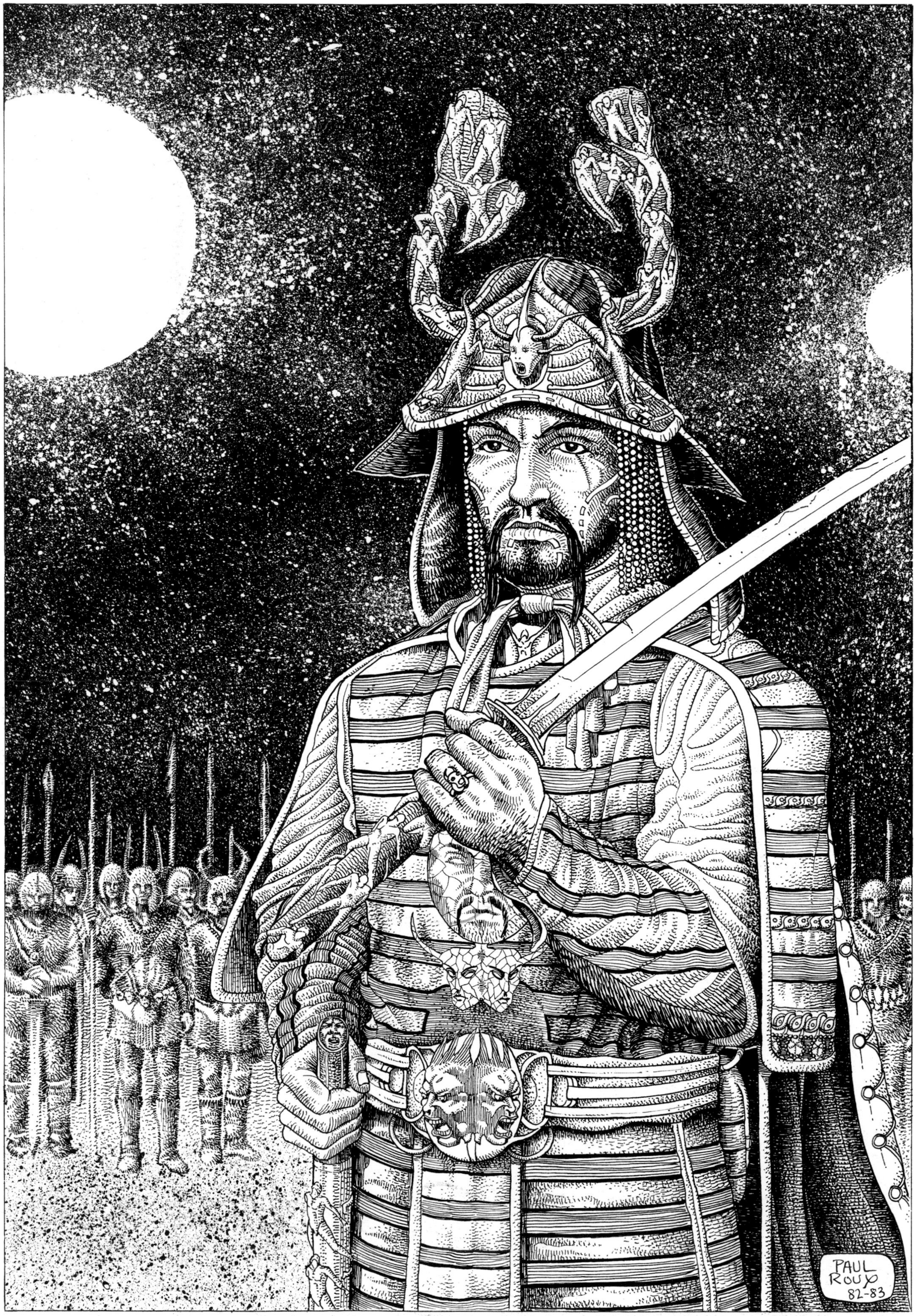
PAUL ROUX 82-83

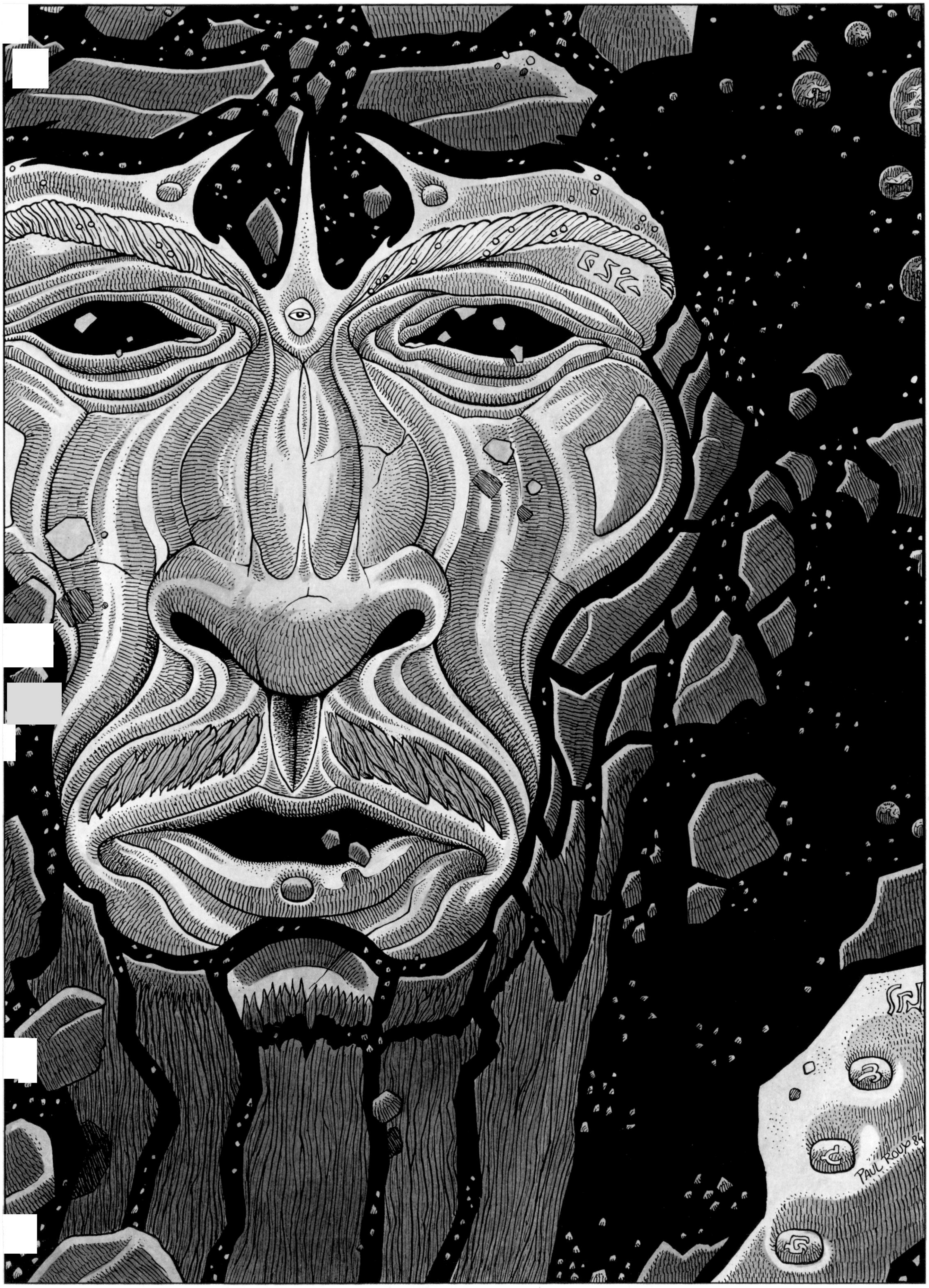
PAUL ROUX 84

Le pêcheur d'étoiles

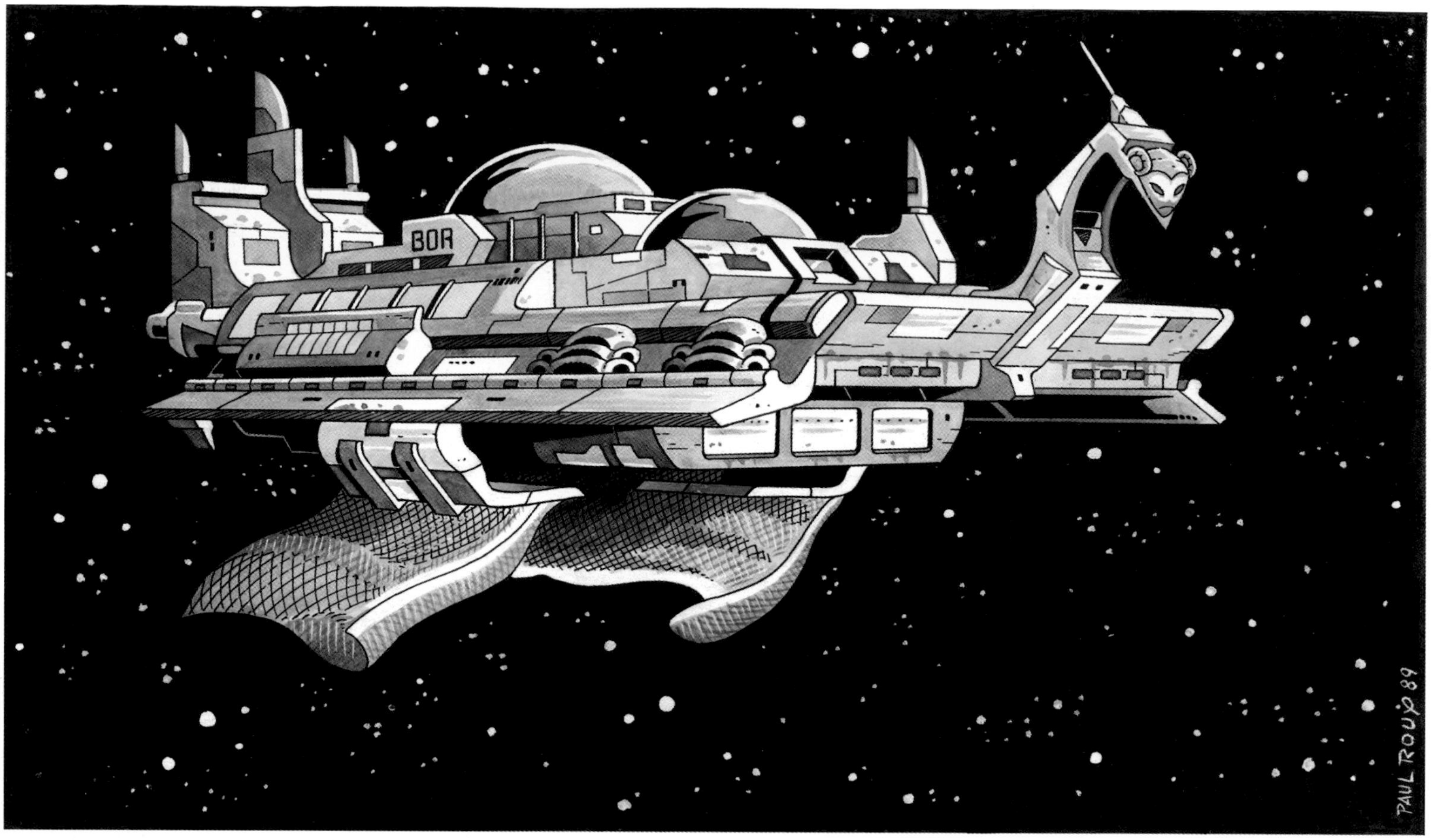
BOR
PAUL ROUX 89

La créature

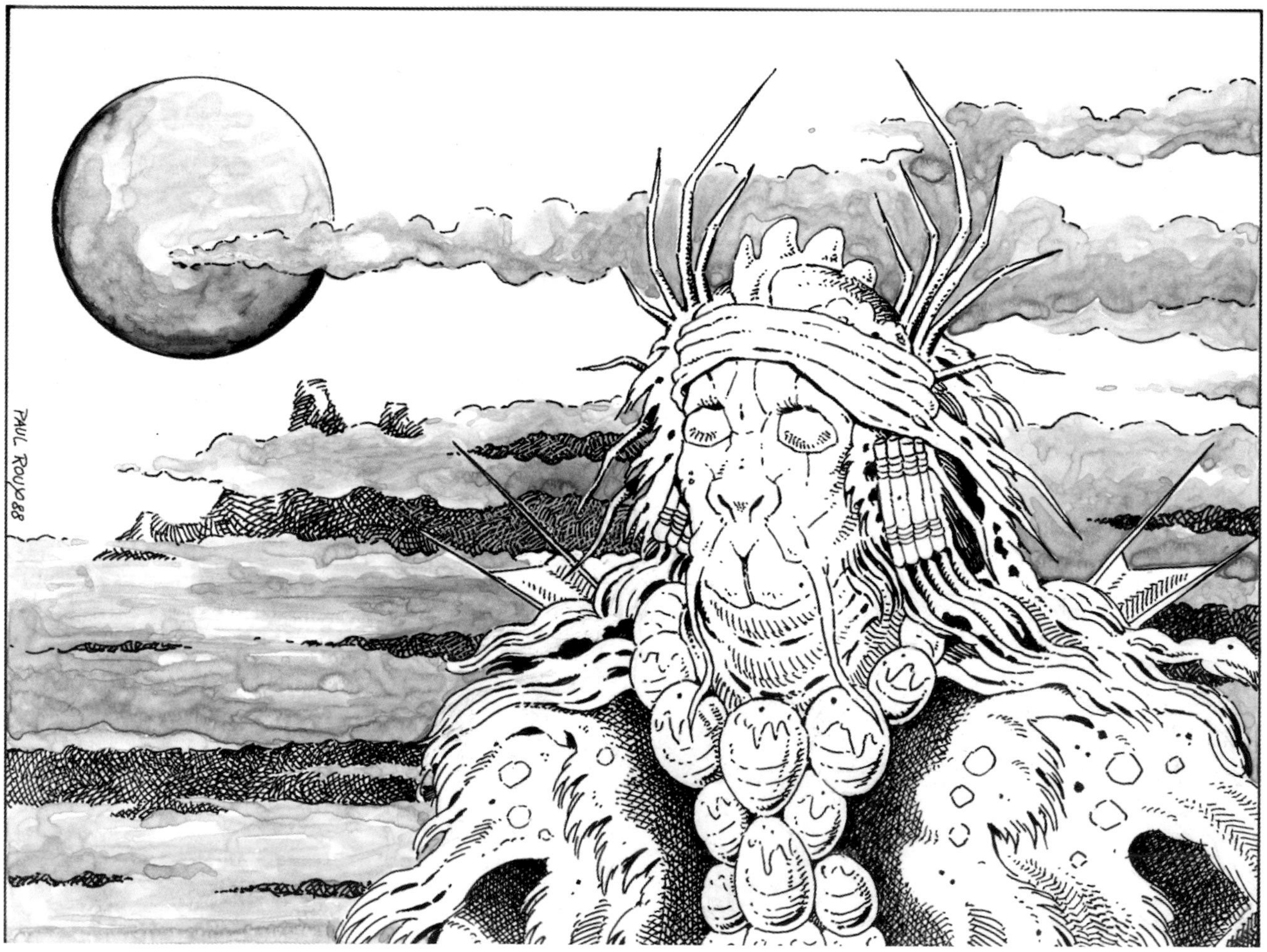
PAUL ROUX 88

Les légions de l'ombre

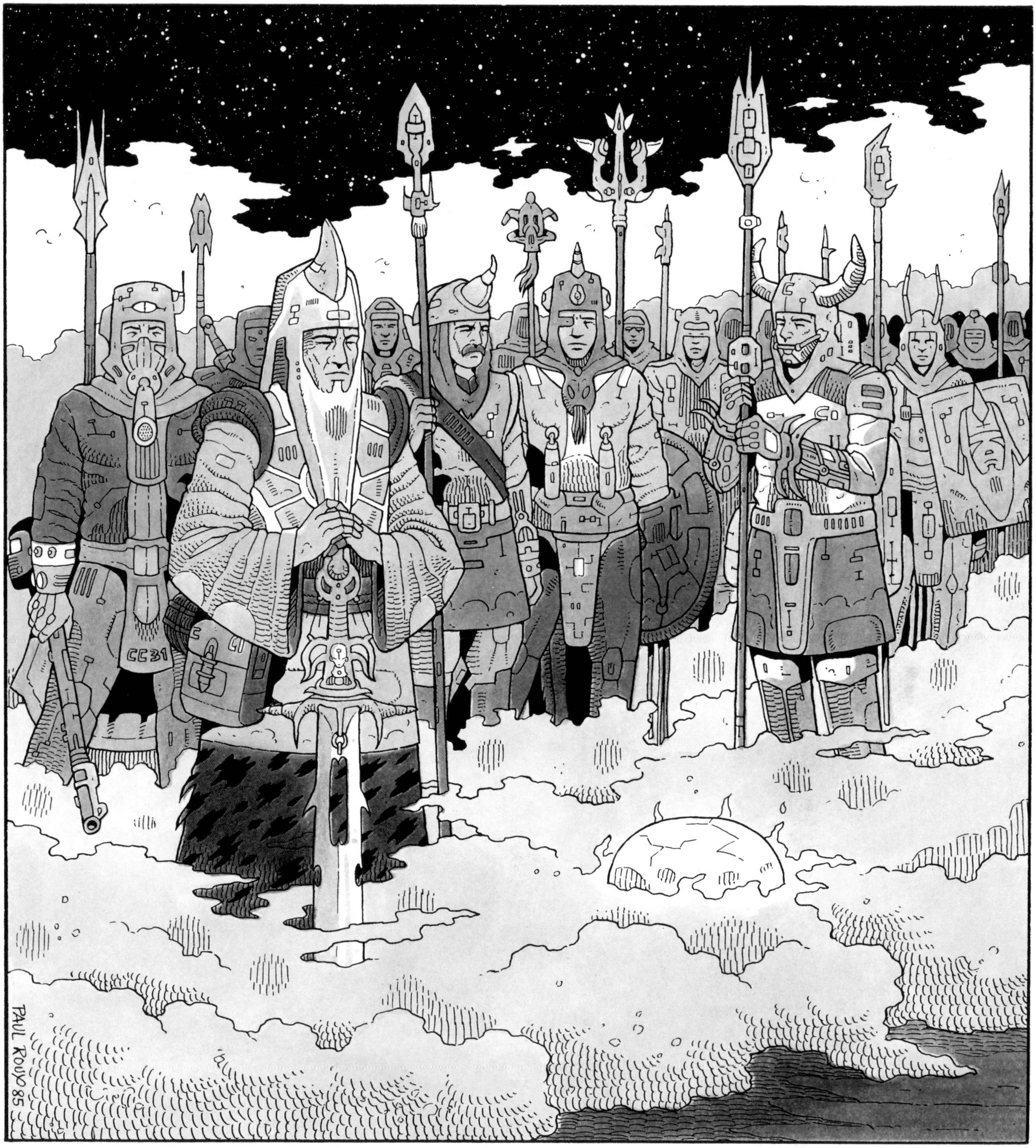
CC31
PAUL ROUX 85

La procession

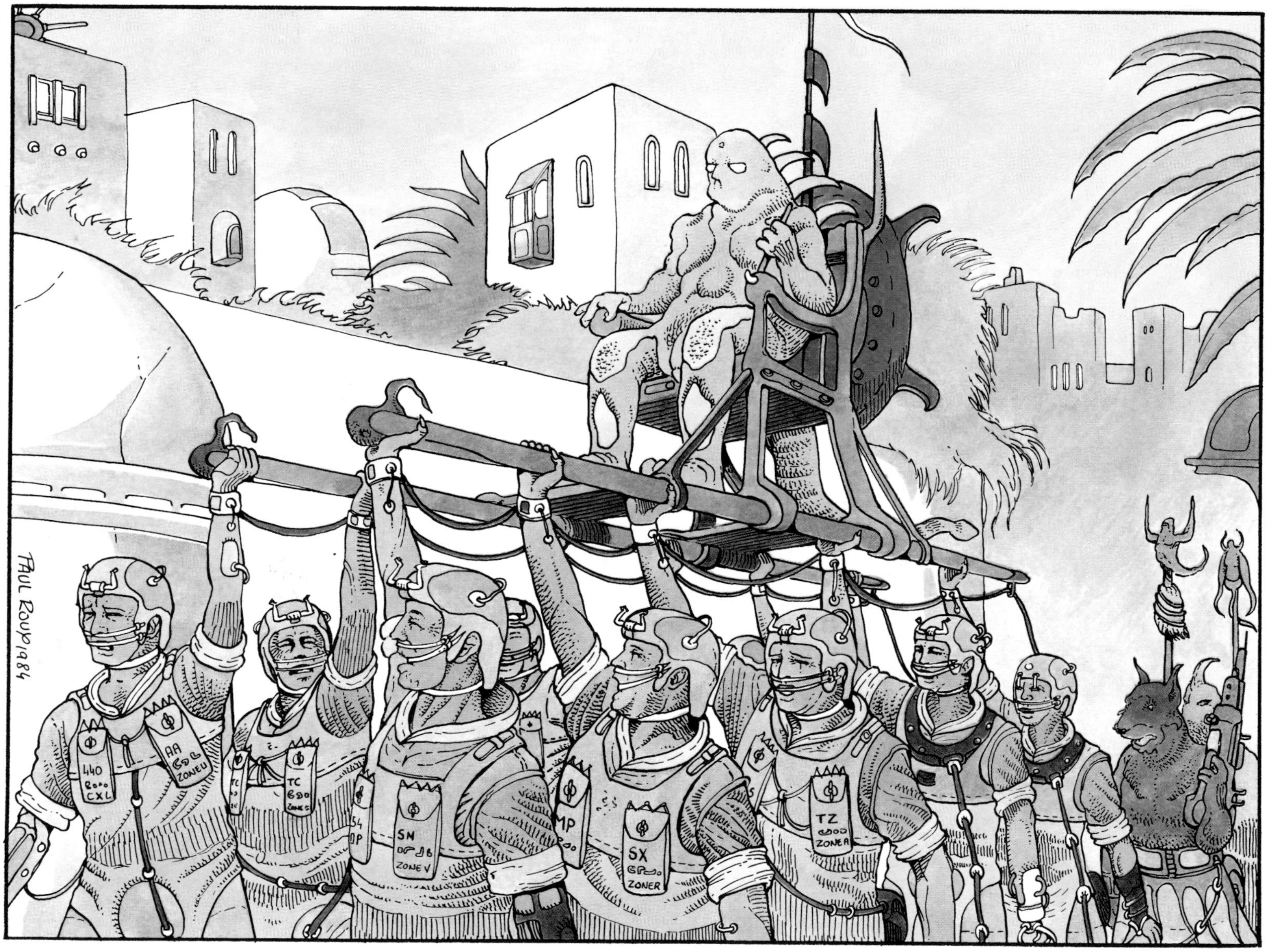
PAUL ROUX 1984

Transit

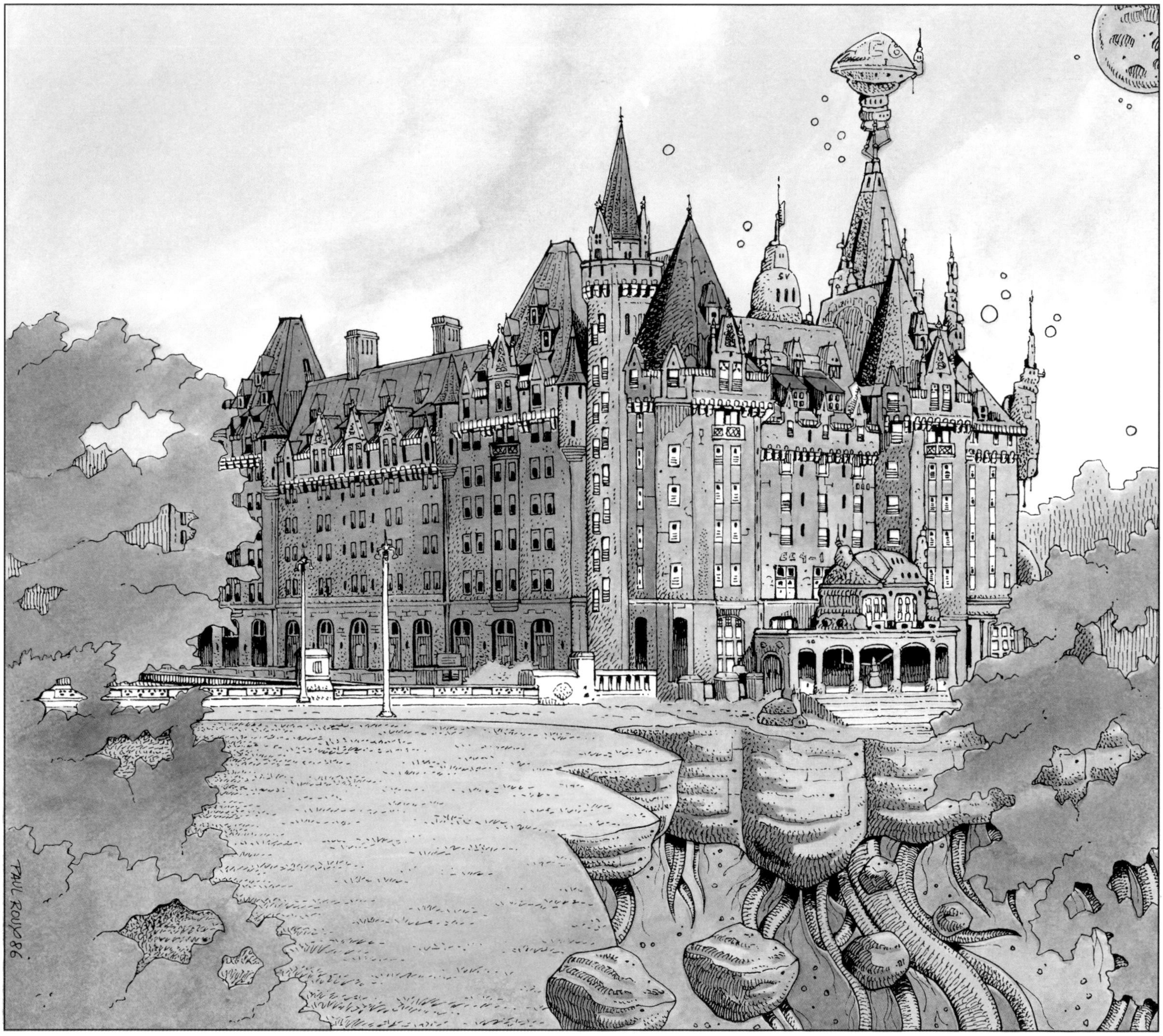

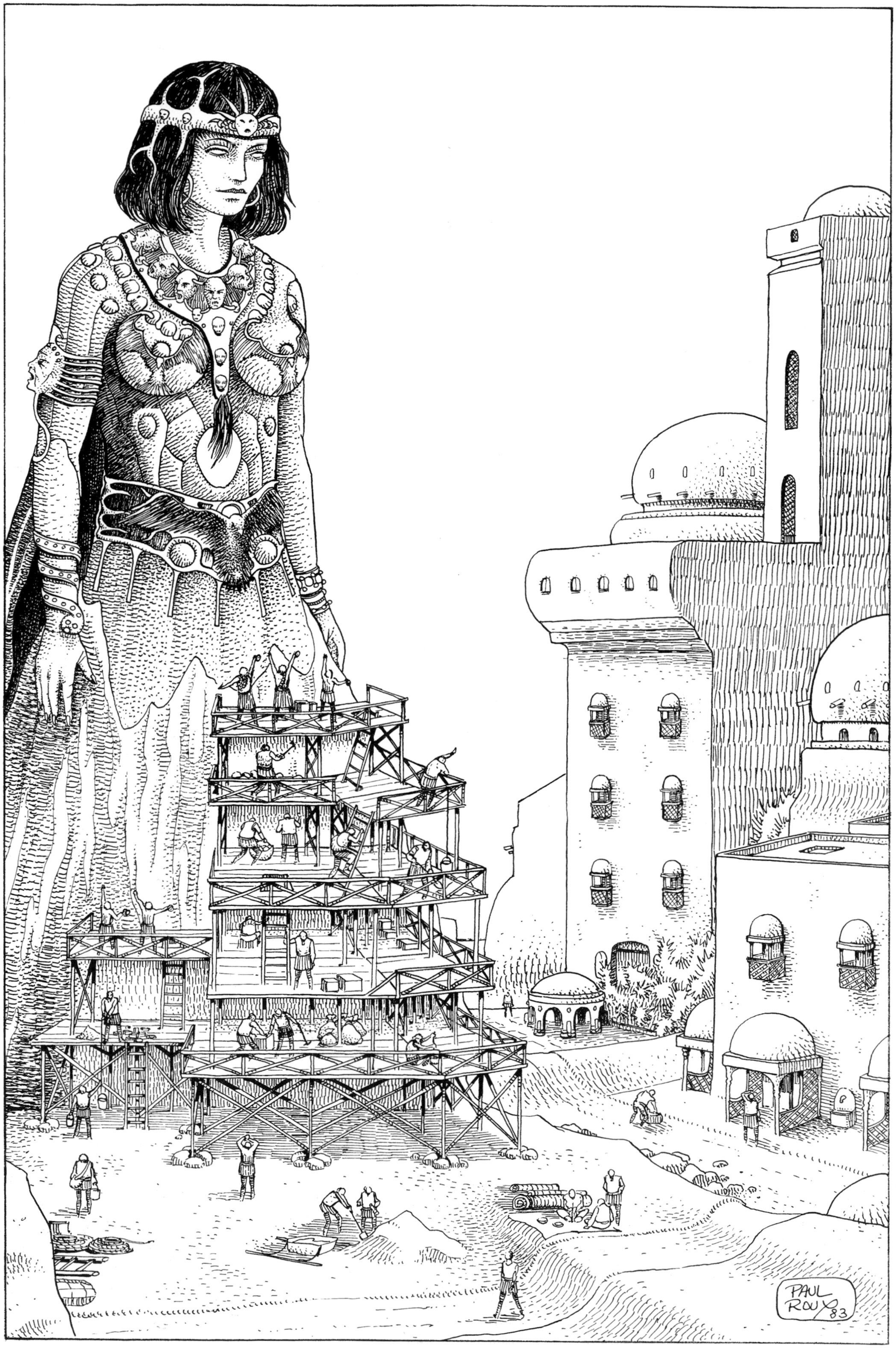
PAUL
ROUX
83

La gardienne de la tour

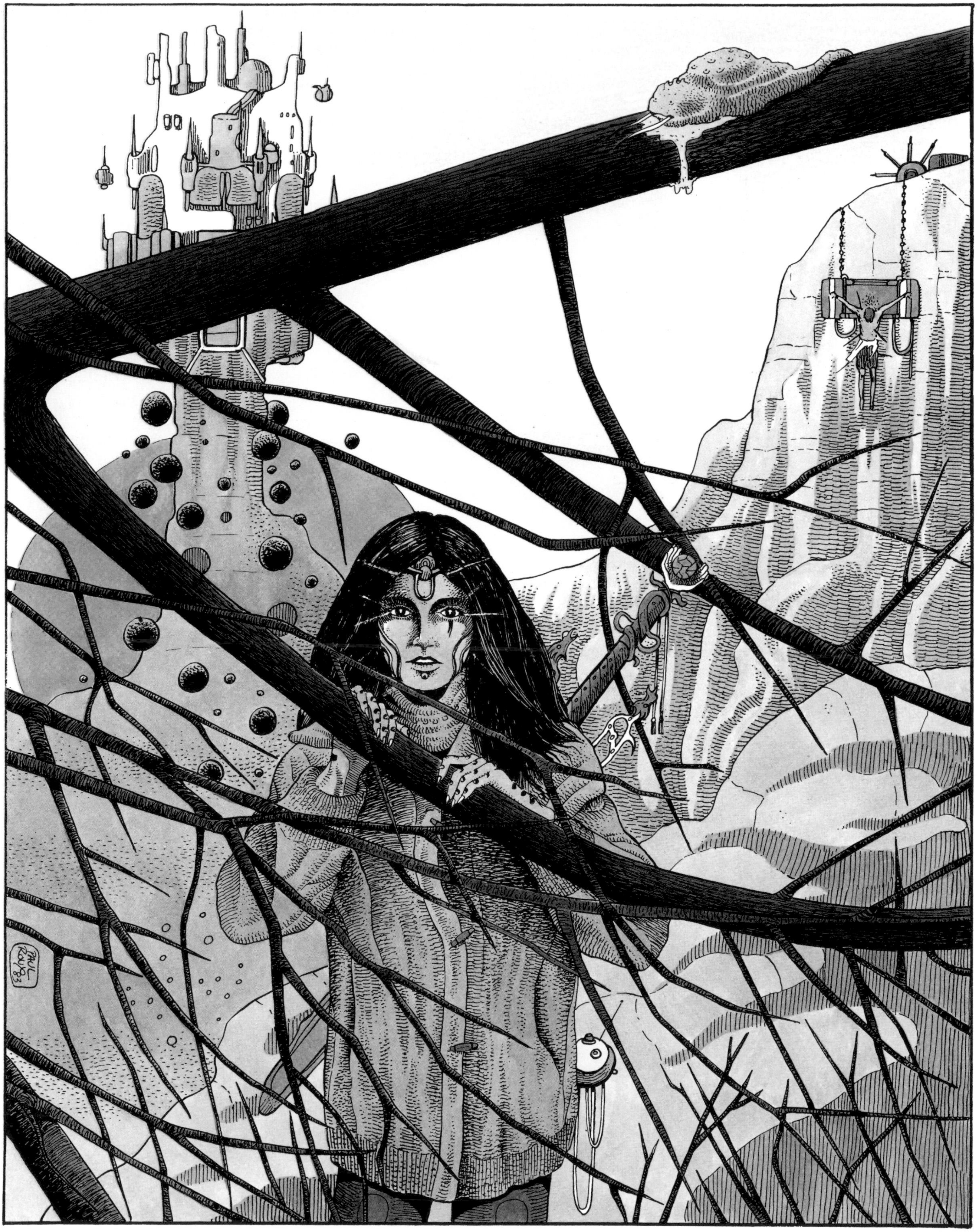

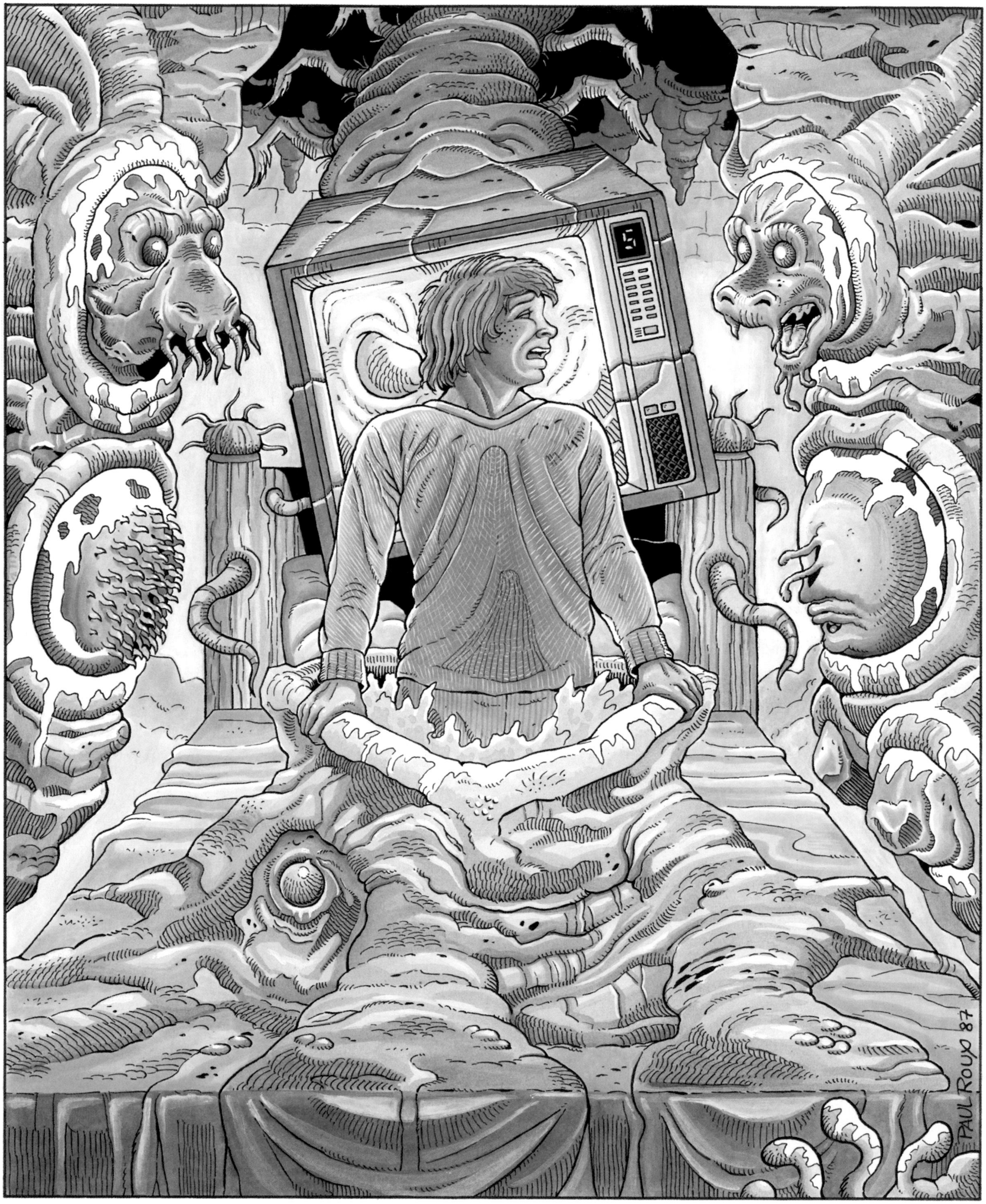
PAUL ROUX 87

TITRE : QUAND, LA NUIT, TOUTES CES "BELLES IMAGES" DE MONSTRES DE L'ESPACE ET D'HORRIBLES CRÉATURES EXTRA-TERRESTRES SE MÉLANGENT ET DANSENT LA SARABANDE DANS LEUR TÊTE...

DU MÊME AUTEUR

Les (més)aventures de Max Média, repor-terre
Éditions BD Mille-Îles – parution : mars 1997

Le rêve du capitaine
Éditions BD Mille-Îles – 1996

Chut
Éditions du Raton Laveur – 1996

Le miroir magique
Centre franco-ontarien de ressources pédagogiques – 1994

La BD, l'art d'en faire
Centre franco-ontarien de ressources pédagogiques – 1994

Voyage au pays des mots
Éditions Studio Montag (tirage épuisé) – 1992

Jésus. Un regard qui fait vivre
(scénario de Anne Sigier)
Éditions Anne Sigier – 1992

Missionnaire en Nouvelle-France
(scénario de Gilles Drolet)
Éditions Anne Sigier – 1989

Achevé d'imprimer
en Octobre 1996
aux presses de Litho Mille-Iles Ltée,
Terrebonne, Québec.

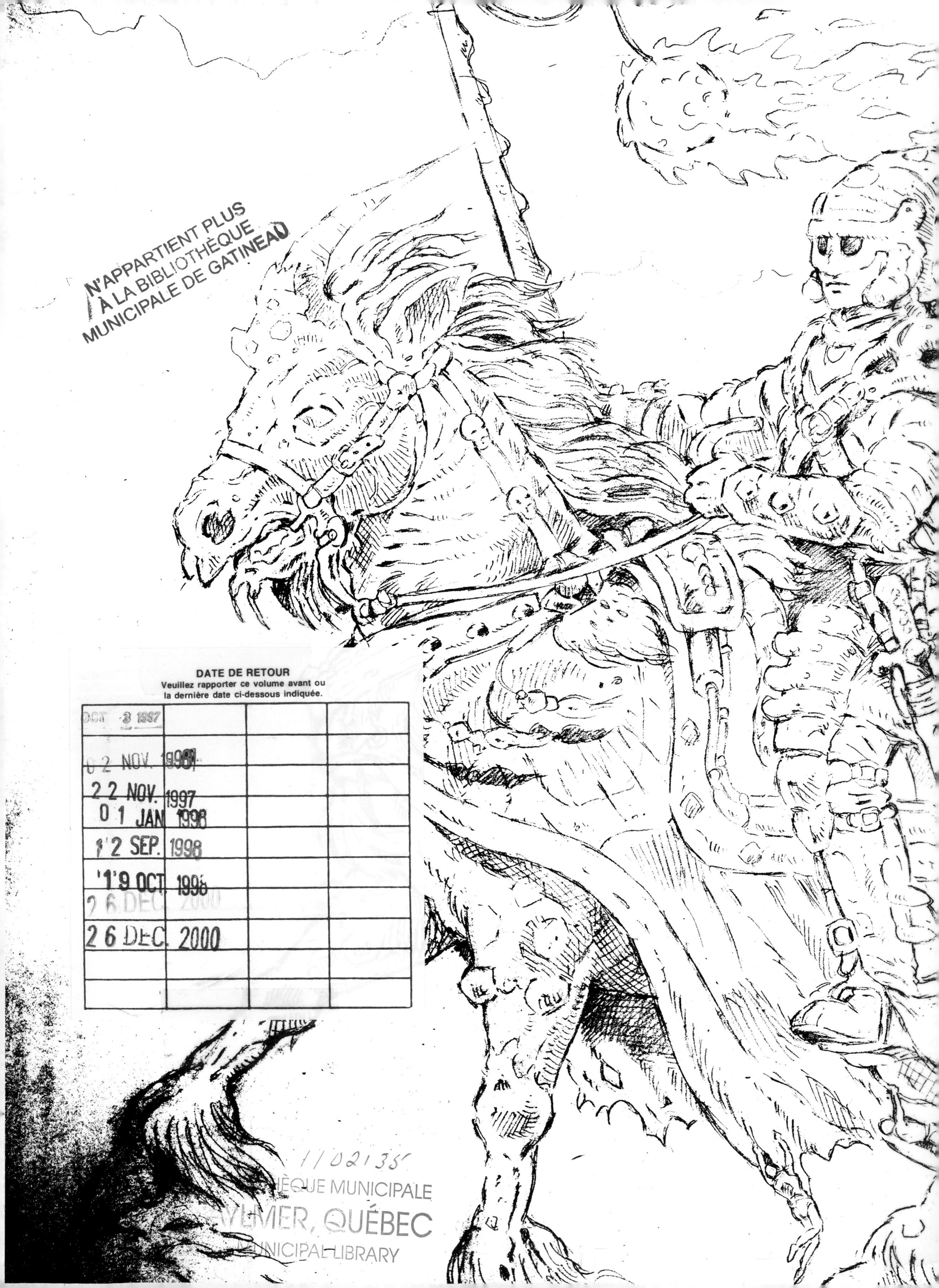